Sven Kuntze
Alt sein wie ein Gentleman

SVEN KUNTZE

Alt sein wie ein
Gentleman

Über Würde im Alter
und andere
überschätzte Tugenden

C. Bertelsmann

Der Verlag weist ausdrücklich darauf hin, dass im Text enthaltene externe
Links vom Verlag nur bis zum Zeitpunkt der Buchveröffentlichung
eingesehen werden konnten. Auf spätere Veränderungen hat
der Verlag keinerlei Einfluss. Eine Haftung ist daher ausgeschlossen.

Verlagsgruppe Random House FSC® N001967

1. Auflage
© 2019 beim C. Bertelsmann Verlag, München, in der Verlagsgruppe
Random House GmbH, Neumarkter Str. 28, 81673 München
Umschlaggestaltung: Jorge Schmidt
Satz: Greiner & Reichel, Köln
Druck und Bindung: GGP Media GmbH, Pößneck
Printed in Germany
ISBN 978-3-570-10358-6

www.cbertelsmann.de

INHALT

VORBEMERKUNG:
ABSCHIED VOM GESTERN

»Wo gehen wir denn hin?«
»Immer nach Hause.«
NOVALIS

Es sind einige Jahre ins Land gegangen, seit mein Buch »Altern wie ein Gentleman« auf den Markt kam. Damals dachte ich vor allem darüber nach, was geschieht, wenn man mit Erreichen der Renten- oder Pensionsberechtigung von einem Moment auf den anderen ohne rechtes Ziel, aber mit viel Zeit im Leben stehen gelassen wird. Es war ein Buch für diejenigen, die auf die Frage nach dem Älterwerden antworten konnten: »Keine Ahnung, ist mir bislang noch nicht zugestoßen.«

Das Buch schrieb sich leicht, denn neben einer Reihe unerfreulicher Einsichten und Tendenzen gab es überraschend viel Vergnügliches und Verheißungsvolles zu entdecken. Alles in allem schienen die Aussichten überwiegend vielversprechend.

Seither ist eine Dekade vergangen. Ich habe die »geschenkten Jahre«, wie die meisten meiner Alterskohorte, leichtfüßig, schnell und ziemlich spurlos, aber stets heiter und epikureisch, meist unter Umgehung verbindlicher Verantwortung, abgelebt. Wie die Mehrzahl meiner Generation, war ich ein gut gelaunter, angenehmer Nutznießer des Daseins.

Der »Gentleman« setzte biografisch beim Eintritt ins Rentenalter ein, das die meisten von uns bei guter Gesundheit und viele mit auskömmlichen Einkünften in Angriff nehmen durften. Vor uns schien, erlöst vom Gelderwerb, eine irdische Form des Gelobten Landes zu liegen, das nicht wenige in der Hoffnung betraten, noch einmal von vorne zu beginnen oder unerschrocken Unerhörtes zu tun, die Weichen neu zu stellen oder all diejenigen Dinge in die Tat umzusetzen, die ein arbeitsames Berufsleben bislang nicht zugelassen hatte. Unter den Jahrgängen, die damals in Rente gingen, herrschte gelegentlich eine Stimmung wie bei Abiturienten, die das Elternhaus verlassen, um sich der Welt zu stellen. Pläne, Hoffnungen und Fernweh, wohin man blickte. Plötzlich schien das »Unmögliche für alle« in Reichweite.

Das meiste ist Traum und Sehnsucht geblieben. Gelegentlich war der Aufbruch peinlich oder mitleiderregend. In der Regel verlief er in den engen Bahnen geordneter Existenzen. Rechten Schaden haben die grauköpfigen Abenteurer selten angerichtet.

Eine Dekade ist seither vergangen. Diejenigen, die es damals hinausgezogen hatte, sind bis auf wenige Ausnahmen aus der Fremde zurückgekehrt. Niemand träumt mehr von Aufbruch oder neuen Ufern. Wer noch Fernweh hat, kommt dem im Schoß sicherer Gruppenreisen nach.

Das Leben ist bis auf einen Rest gelebt. Nichts ist rückgängig zu machen. Die Entscheidungen sind getroffen, ihre Auswirkungen kaum mehr zu korrigieren. Das Leben als selbstbestimmte Zeit liegt hinter uns. Ein neuer Lebensabschnitt hat, vorerst nur undeutlich erkennbar, begonnen, hinter dem sich – ja, was? – verbirgt. Für ihn gibt es in unserer definitionssüchtigen Zeit noch keinen eindeutigen Begriff, geschweige denn eine verlässliche Anschauung. Ursache dieses Mangels mag ein diffuses Erschrecken sein oder der fehlende Mut, dem ins Auge zu blicken, was unentrinnbar auf der Tagesordnung eines jeden Einzelnen stehen wird. Vorsicht kann die Ursache nicht sein, denn Vorsicht hat die Vermeidung des Abänderlichen zum Zweck. Unsere Zukunft jedoch ist unabänderlich. Wir werden noch sehen.

»Du hast es ja weit gebracht. Jetzt wirst du doch noch Ratgeberautor«, schrieb mir ein Kollege, mit dem ich vor Jahren vergeblich literarische Ambitionen verfolgt hatte, säuerlich, als er von meinem neuen Buchprojekt erfuhr. Damals galt der Ratgeber als niedere Textform, die mit unseren nur das Medium, Buchstaben nämlich, gemein hatte.

Ich kann ihn beruhigen, ich habe keinen Rat parat. Woher auch? Denn dem Rat ist stets die Hoffnung auf Veränderung zum Besseren eigen, und die vermag ich nicht zu entdecken. Ich schaue allerdings gelegentlich in meiner Buchhandlung durch die Regale, in denen die Ratgeber stehen. Es werden ständig mehr. Die klassischen Themen – Beziehung, Liebe, Erfolg, Körpermaße – sind bis ins letzte

Detail ausdifferenziert oder um ungezählte neue Fragestellungen ergänzt worden.

Vor den Regalen versammeln sich inzwischen verunsicherte, weltverlorene Leser, denen es offensichtlich an Kraft und sozialen Kontakten mangelt, um ihre Probleme ohne den broschierten Rat einer ihnen fremden Person in den Griff zu bekommen.

»Weil du es dir wert bist«, steht etwas ungelenk in einem Paperback, das auf hundertachtzig Seiten in zahllosen Einzelratschlägen zu »Sicherheit und Stärke« anleitet. »Finden Sie sich schön«, heißt es dort. »Strahlen, nicht betteln«, wird geraten, oder: »Fühlen Sie sich reich!« Und schließlich: »Je älter, desto wertvoller!«

»Es dauert nicht mehr lange, und Sie sind dran, meine Liebe«, liest man in bedrohlicher Tonlage. »Es wird allerdings kein Zuckerschlecken, man muss gegen den Strom schwimmen und aus der Rolle fallen.«

Mit Einzelratschlag ist gegen die ungezählten Mitanbieter schwer reüssieren, deswegen bietet ein anderer Autor gleich zweiundfünfzig »Wege zum Glück« an. Manch einer wäre froh, auch nur von einem zu wissen.

»Wer kauft das schon?«, möchte man meinen und abwinken, »schad' ums Papier«. Aber im Gegenteil: Ratgeber sind sichere Selbstläufer. Auf der Bestsellerliste einer deutschen Zeitung tummeln sich zu einem beliebigen Zeitpunkt in der Rubrik »Sachbuch«, dort, wo einst Veröffentlichungen zu Geschichte, aktueller Politik oder wissenschaftlichem Fortschritt zu finden waren, acht von zehn Titeln mit gutem Rat zu den Themen: »Ernährung« (mehrfach), »Erfolg«, »erfülltes Leben«, »Alterspubertät«, »Abnehmen«,

»Ehekrisen«, die »wirklichen Werte«, »Gedächtnistraining«
und »Glück«, nicht zu vergessen.

In diesen Ratgebern wird der Leser in ungezählte Ein-
zelteile zerlegt und jedes einzelne Teil zur schadhaften
Problemzone erklärt, die dringend instand gesetzt werden
muss. Wer eine kurze Mittagspause lang in den Broschüren
stöbert, wird im Handumdrehen zum Ratsuchenden zu
Schwierigkeiten, von denen er meist nicht wusste, dass er
sie überhaupt hatte.

Ratgeberliteratur macht süchtig. Man betritt den Buchladen als gesundes, selbstbewusstes Individuum, verlässt ihn
als demütiges, verzagtes Wrack und reiht sich fortan in das
Heer der Ratsuchenden ein, die größte Massenbewegung
in der Geschichte der Menschheit, und überdies ein loh-
nendes Geschäftsfeld für all diejenigen, denen es sonst an
Begabungen mangelt. Coaching und Ratschlag kann jeder!

Was sagt diese Flut über unsere sozialpsychologische Befindlichkeit aus? Offensichtlich ist aus dem Lot geraten, was
ehedem selbstverständlich war. Verhaltensweisen, die einst
im Schoß der Traditionen sicher verankert waren, haben
sich gelöst und sind zur persönlichen Entscheidung frei-
gestellt. Nachdem die beiden großen Themen der Moderne − »Freiheit« und »Mündigkeit« − von der Theorie
zur Praxis fortgeschritten waren, entstand eine unüber-
sichtliche Gemengelage und der ideale Nährboden für die
heutige Ratgeberkultur. Zudem herrscht offensichtlich ein
Mangel an Personen, denen man sein Vertrauen schenken
kann. An ihre Stelle tritt der broschierte Ratgeber.

Wir sind zu Ratsüchtigen geworden.

Beeindruckend ist die Selbstsicherheit, mit der Rat

durchgängig dargeboten wird. Dabei haben wir es, besonders im Fall der Alten, mit einem mächtigen Gegner zu tun, dem häufig selbst mit bestem Rat nicht beizukommen ist: der Natur, nebst ihren unerbittlichen Gesetzen. Trotzdem bleibt selten Raum für Zweifel, ob die vorgeschlagenen Maßnahmen auch ihr Ziel erreichen, was indes verständlich ist, denn wenn der Ratgeber angesichts der Realität auch nur zuckt, hat er seine Überzeugungskraft und einen Kunden verloren.

Ich trau mich an Rat nicht ran. Es wird auf den folgenden Seiten, bis auf wenige Ausnahmen, keinen geben. Es gibt ohnehin keinen Rat für alle, nicht einmal für viele und kaum einen für wenige. Und selbst die beschränken sich notwendig auf Empfehlungen, die selten über die Grenzen des gesunden Menschenverstandes hinausgehen. Die »Big Five« für ein langes, beschwerdefreies Leben kennen Sie ohnehin: Sport, schlanke Linie, soziale Kontakte, viel Gemüse und abends ein Glas Rotwein.

Im Detail ändert sich die Liste ständig. Fortwährend werden neue Schurken entdeckt, die uns an die Gesundheitswäsche wollen und nach dem Leben trachten. Relativ neu unter Verdacht sind – neben den alten Bekannten Zigaretten, Schnaps und Leibesfülle – weißes Mehl, Zucker und rotes Fleisch, während Hühnerei und Butter, die über viele Jahrzehnte ganz oben auf der Schädlingsliste standen, in der Zwischenzeit wieder freigesprochen wurden.

Das Leben eingangs der achten Dekade wird entgegen dem äußeren Anschein nicht einfacher, sondern im Gegenteil: Es wird vielfältiger und unvorhersehbarer. Der Alte, der friedlich im Schaukelstuhl die Zeit verstreichen lässt, ist ein Trugbild. Tatsächlich wird jeder von uns zu einem unentwirrbaren Geflecht ungezählter, unterschiedlicher Einflüsse und Erfahrungen. Wir sehen zwar alt aus, aber die meisten Erfahrungen, die wir jetzt machen müssen, sind neu und unbenutzt, und sie sind von einer Intensität, wie wir sie in den zurückliegenden Jahrzehnten nur in seltener Ausnahme erlebt haben. Nicht zu vergessen die Natur, mit der wir uns von nun an in heftigem Handgemenge befinden und die gebieterisch ihr Recht auf unsere Vergänglichkeit mit ihren unzähligen Begleiterscheinungen einfordert.

Die zentrale Herausforderung, das Alter selbst, verweigert sich jeder Problemlösung. Details können lebenswerter gestaltet werden, doch das Alter lässt sich nicht abschaffen. Wir werden ihm nicht entrinnen. Seine Gesetzmäßigkeiten sind unseren Bemühungen nur in Einzelheiten zugänglich, und jedes Leben endet ohne Ausnahme mit dem Sieg der Natur über diese Bemühungen. Uns bleibt letztlich nur die unsentimentale, melancholische Einsicht, dass mit der Geburt das Ende bereits unumgänglich eingezeichnet war. Wobei die unwichtigsten Veränderungen, die der äußeren Erscheinung, in unseren Zeiten in unerhörtem Maß an Bedeutung gewonnen haben. Auch davon später.

Während »Altern wie ein Gentleman« bemüht war, das Leben nach dem Ende der Berufsjahre zu schildern, sind wir jetzt, eine Dekade später, »alt« geworden. Das ist ein Unterschied ums Ganze. Aber wie bekommt man das Thema in seiner unendlichen Mannigfaltigkeit am besten in den Griff? Man hat's ja gerne kompakt und eindeutig.

Zu meiner Zeit als Assistent an der sozialwissenschaftlichen Fakultät einer süddeutschen Universität, als die Hoffnung auf eine allumfassende Gesellschaftstheorie bereits verloren gegangen war, entstand der Brauch, über Themen in Form von Bausteinen zu schreiben und zu publizieren. Bausteine zu einer »Theorie devianten Verhaltens«, zu »schichtenspezifischen Motivationsdifferenzen« oder zur »Phänomenologie des Außenseiters«. Trotz der Vielfalt war allen Themen die unscheinbare Präposition »zur« gemeinsam, die stets auf das Provisorische, Unfertige und schließlich Episodenhafte der Bemühungen hinwies. Diese bequeme Form der Wissenschaftlichkeit, der häufig etwas Spielerisches, Unernstes eigen war, wurde zwar mit dem Verlust der »Großen Theorie« begründet, war aber ebenso intellektueller Bequemlichkeit geschuldet. Es waren ja nur Bausteine aus dem großen Kasten Wirklichkeit. Was fehlte, konnte gerne aus fremder Feder nachgeliefert werden.

Als geübter Bausteinproduzent plante ich folglich, mit dem vorliegenden Buch eine weitere Sammlung anzulegen. Doch trotz einigem Bemühen ist mir selbst dieses anspruchslose Vorhaben nur in Ansätzen gelungen. Auch Bausteine brauchen Kontur und Abgrenzungen. Aber es wollte sich nicht trennen lassen, was untrennbar, vielschichtig und tief miteinander verwoben ist. Nichts, was ich in Angriff nahm, ließ sich sinnvoll vereinzeln. Zur Zukunft des Alterns gehört unweigerlich der Leib als Schicksal, dem sich sofort das Leid zugesellt und die Hoffnung, dass es glimpflich ausgehen möge. Der Hoffnung beigemischt ist der Trost, und wo dieser ausbleibt, treffen wir auf alte Bekannte: Vergessen, Verdrängen, Ablenkung und, wenn es sich bewahrt hat, Gottvertrauen, das umgehend die »Sorge« – eine der Grundbefindlichkeiten des menschlichen Daseins überhaupt – um das Seelenheil nach sich zieht. Die Zeit steht quer zu allem, wobei unwillkürlich das Ende zum Thema wird, dort, wo die Zukunft angesiedelt ist, die ihrerseits ohne Vergangenheit und Augenblick nicht auskommt.

Kurz: Wo immer ich versuchte, Halt zu finden oder Schneisen zu schlagen, waren diese wenig später wieder zugewachsen, sodass ich meine Bemühungen schließlich aufgegeben und mich entschlossen habe, wie einst Laurence Sterne im »Tristram Shandy« den Gegebenheiten querfeldein zu folgen, um unterwegs aufzusammeln, was mir in die Quere kommen würde. Ich bewegte mich nun wie das Federvieh im Hühnerhof durch die Wirklichkeit. Pickte auf, was ich an Körnern fand, und scharrte dort, wo ich Würmer vermutete.

Die Suche dauert an: Ich bin zwar ohne Plan und Karte unterwegs, jage aber nicht dahin wie ein umherstreifender Spaniel, der jeden Vogel anbellt. Ich gehe vorsichtig, mit flachem Schritt über den wüsten Untergrund. Alles werde ich nicht in Augenschein nehmen können, das meiste bleibt unerforscht und wird nicht einmal flüchtig wahrgenommen. Dabei ist die Abschweifung, die in organisierten Texten zur Ausnahme gehören sollte, notwendig die Regel. Es wird nicht immer sorgfältig und sauber zu Ende gedacht.

Bis zum Ende kann ohnehin nicht gedacht werden, denn jenseits unserer Vergänglichkeit ist keine Plattform, von der aus das Ende zu betrachten wäre. Das Christentum hatte über lange Zeit eine solche angeboten. Auf die wagen sich jedoch nur wenige noch hinaus. Sie ist brüchig geworden.

Auf den folgenden Seiten geht es im doppelten Sinn unwissenschaftlich zu. Zum einen verwende ich Begriffe, die Stützpfeiler der Wissenschaftlichkeit, ganz so wie in der Alltagssprache und nehme deren Ungenauigkeit in Kauf. Was fehlt, wird spontan hinzugedacht, wobei recht sein soll, was einleuchtet. Zum zweiten verzichte ich auf Anmerkungen und jeden Hinweis auf das, was klügere Köpfe vor mir gedacht haben. Kurz, ich nehme mit ruhigem Gewissen an mich, was mir taugt, und bedanke mich bei all denjenigen, die mir unerkannt behilflich gewesen sind. Wer bei mir was finden sollte, darf sich gerne, wie einst Bert Brecht,»hab mir selbst was rausgenommen«, bedienen.

Das einzige verbindende Element zwischen all dem Unverbundenen bin ich selbst. Es ist also der unaufmerksame Leser, der den Gegenstand aus den Augen verliert, nicht ich! Ganz ohne Kompass sollte man sich freilich nicht auf die Suche machen, denn eine solche ist es geworden, gelegentlich unterbrochen von der Frage, ob es lohnt, sich an einer Sache abzuarbeiten, die mit der Geburt bereits entschieden war.

Wir suchen nach den Bedingungen eines »guten Lebens« unter den Voraussetzungen, die jene letzte Zeit mit sich bringt. Es wird nicht leicht, seine Elemente herauszuarbeiten, die hinlänglich allgemein sind und nicht nur auf ein einzelnes, besonderes Leben zugeschnitten bleiben.

Wir haben es mit angehäuften Existenzen zu tun, die durch zahlreiche, in ihrer Zusammenstellung einmalige »Formen geschritten« sind. Die Sozialwissenschaften behelfen sich mit Durchschnitt und Statistik. Daraus jedoch wird kein fühlbares Leben, in dem wir alle bis zum Hals stecken. Das aber soll im Folgenden zu Wort kommen.

Das »gute Leben« ist von Anbeginn an beherrschendes Thema allen Nachdenkens über den Menschen gewesen. Platon empfahl das »richtige Maß« als dessen Grundlage, sein Nachfolger Aristoteles schlug den »Gebrauch von Vernunft« vor. Um die Zeitenwende übernahm das Christentum für zweitausend Jahre die Hoheit über das Leben, als Vorspiel für das Jenseits. In der Neuzeit wird »Autonomie« zur Voraussetzung für ein gelungenes Leben, denn ohne sie »keine Würde, keine Freiheit, keine Moral«. Schopenhauer, dem die Menschen ohnehin verdächtige Erscheinungen waren, wäre es schon zufrieden, wenn ihm Gesundheit, Heiterkeit und Gemütsruhe gelängen. Zur Gestaltung der leeren Stunden, die im Alter unweigerlich entstehen, schlägt er die Kunst in allen ihren Formen vor. Wer einen flüchtigen Blick in die Foyers deutscher Theater und Museen wirft, wird unschwer bemerken, dass wir uns seinen Rat zu Herzen genommen haben. So viel Grau war nie im Kunstverein.

Jede Generation hat die Frage nach dem »guten Leben«, abhängig von wirtschaftlicher Entwicklung und geistigen Vorgaben, aufs Neue und auf ihre Weise zu beantworten versucht. Ein »gutes Leben« führte ehedem, wem es gelang, Not, Krankheiten und Gewalt zu entgehen und angesichts des Getümmels vor seiner Haustür ein behagliches Dasein zwischen seinen vier Wänden und im Kreis der Familie zu führen. Damit war er gut bedient.

Erst nachdem Eigentum, Leben und Glück zu Grundrechten und halbwegs erfolgreich zum Gegenstand staatlicher Politik geworden waren, wird die Sache kompliziert. Die Vermeidung von Unheil ist leichter bestimmt als die eigenverantwortliche Suche nach einem gelungenen Leben. Das galt erst recht, als die Menschheit kollektiv aus der »selbst verschuldeten Unmündigkeit« aufbrach und sich ihr der sonderbarste unter den neuzeitlichen Begleitern, die »Freiheit« anschloss. Die überführte umgehend die bislang leidlich geordneten Verhältnisse in ein heilloses, wenngleich überaus produktives und vielfach vergnügliches Durcheinander. Befreit von christlicher Ethik und Moral, machte sich jeder auf eigene Faust auf die Suche nach seinem Glück. Entlassen aus der Obhut des Schöpfers, standen die Menschen unversehens in der kalten Zugluft der Eigenverantwortung: Gebete, Beichte, Sakramente – die christlichen Werkzeuge der Alltagsbewältigung – waren unbrauchbar geworden. Man suchte nicht mehr Trost beim Priester, sondern guten Rat beim Nachbarn.

Die Zahl der Möglichkeiten für das gute Leben ist endlos und verwirrend und führt schnell zur Orientierungslosigkeit. Wahrscheinlich ist indes das »gute Leben« als Maßstab unserer Suche ohnehin zu anspruchsvoll. Denn vom Leben selbst bleiben vielen Alten nur noch Reste übrig, deren Qualität häufig nicht mehr beeinflusst werden kann. Nehmen wir also »erfüllte Augenblicke« oder eine »gelassene Melancholie« als Leitfaden unserer Bemühungen.

Warum aber sollten Sie dieses Buch lesen und ihm Ihre Zeit schenken, die zudem begrenzt ist? Im besten Fall werden Sie die eine oder andere Einsicht in den Lauf der Dinge, die sich jedoch nur in Ausnahme unmittelbar in konkrete Handlung umsetzen lässt, für sich entdecken. Es geht außerdem nicht um Beweise und Kausalitäten, sondern um Durchblick und Einsicht. Sie sind häufig die letzten Mittel, um durch die, meist raue, See des Alterns zu navigieren. So kann sich das Buch, gleichsam durch die Hintertür, doch im Sinne einer Lebenspraxis, die nach dem Gelingen Ausschau hält, verlohnen. Und schließlich vermag es vielleicht jene seltsame Form von Trost zu bieten, die in der Entdeckung besteht: Anderen ergeht es ebenso, wenn nicht gar schlimmer.

Solchen Trost spenden nicht nur lautere Quellen. Er ist nicht unverwandt der Schadenfreude und der Scheinheiligkeit. Denn man wird nicht zögern, das Schicksal der anderen zu bedauern, während es doch nur Anlass ist, das eigene erträglicher zu gestalten. »Bei so vielen«, ist die Überlegung, »wachsen meine Chancen, ungeschoren davonzukommen.«

Das sind keine edlen Motive. Aber wer im Alter leben muss und nicht der Verzweiflung anheimfallen will, darf bei der Wahl seiner Mittel moralische Vorgaben, die ihm als Kind einst vermittelt wurden, jetzt gelegentlich außer Acht lassen. Die Schwäche des Leibes sorgt zudem dafür, dass sich die Konsequenzen für die Betroffenen im Rahmen halten.

Ich schreibe aus männlicher Perspektive. Anders kann ich nicht. Zudem werden die Geschlechterdifferenzen mit dem Fortschreiten der Jahre geringer. Beim gemeinsamen Kampf ums Weiterleben spielt die Gleichberechtigung eine Nebenrolle, wenn man einmal davon absieht, dass Witwen häufig eine schandbar niedrige Rente zusteht. Aber der Vergleich mit dem Gatten spielt bei ihnen ohnedies keine Rolle mehr.

Recht besehen, ist es somit ein Buch für Frauen, damit sie begreifen, was den eigentümlichen Kerl an ihrer Seite antreibt, im Keller eine Märklin-Eisenbahn aufzubauen; was es mit dem Typen auf sich hat, der seit Neuestem im ehemaligen Gästezimmer eine stattliche Sammlung von Glasfläschchen, geordnet nach Form und Größe, einrichtet; oder jenem, der plötzlich das Interesse an all den Dingen, die ihn ein Leben lang getragen haben, verloren hat; bei einem anderen ist der einst akkurate Scheitel einem dünnen weißen Gewölle im Nacken gewichen, während der graue Anzug, der ihn ein Leben lang wie eine zweite Haut begleitet hatte, von einer roten Jogginghose mit kessem Aufdruck verdrängt wurde.

Von dieser bunten, rätselhaften Truppe, mit der Frauen notgedrungen durch die letzte Phase ihres Lebens gehen, handelt dieses Buch. Seine Protagonisten werden, häufig aus stilistischen Gründen, unterschiedlich mit »wir«, »meine Generation« oder »uns« angesprochen. Stets aber ist von jenen die Rede, die im Durchschnitt wie ich selbst in der achten Dekade ihres Lebens stehen.

Ohne dass ich leibhaftig auftreten würde, wird mittelbar viel von mir die Rede sein. Ich bin, wie die Mehrheit, Mittelmaß in jeder Hinsicht. Mein Leben ist in den Bahnen einer normalen Existenz unserer Zeit verlaufen.

Deshalb darf ich davon ausgehen, dass meine Erfahrungen und Eindrücke gelegentlich mit denen mutmaßlicher Leser übereinstimmen.

Bevor es ans eigentliche Schreiben ging, habe ich eine Reihe von Fragen zum Thema niedergeschrieben, deren Beantwortung jeder vernünftige Leser zu Recht von mir erwartet, denn nur wer die richtigen Fragen stellt, hat die Chance auf richtige Antworten.

Wer sind »wir«? Und lässt sich mit diesem »Wir« überhaupt sinnvoll arbeiten?

Dazu gleich Folgendes: Sonderlich trennscharf ist der Begriff in der Tat nicht. Kaum hat man begonnen, genauer über ihn nachzudenken, verflüchtigt er sich auch schon. Zudem tut er vielen, die ihm zugeordnet werden, unrecht. Aber er ist praktisch und mit allerlei verlässlicher Bedeutung versehen. Deswegen benutze ich ihn umstandslos, wohl wissend, dass er seine Schwächen hat.

Was ergibt ein Leben?

Welche seiner Herausforderungen sind unerlässlich?

Welche Rolle spielen Hoffnung, Glaube, Wissen?

Was hat es mit der Altersradikalität auf sich? Braucht's die?

»Dringend!«

Was bewirken die Fortschritte in der Medizin?

Gibt es Frieden mit dem Altern?

»Niemals! Höchstens vorübergehenden Waffenstillstand!«

Wohin geht die Reise?

Auf- oder Schiffbruch?

Kann sich die Gesellschaft unser Altern noch leisten?

Wo liegt das Jenseits?

Das Lebensende ist unvermeidbar, was aber hat es mit dem Sterben auf sich?

Wohin mit der Restlibido?

Es gibt offensichtlich einiges zu bedenken!

Werde ich diese Fragen und die unzähligen anderen, die sich stellen, beantworten können? Ich denke nicht!

Beim Nachdenken über das Leben in seiner letzten Phase habe ich nebenbei die Kostbarkeiten, mit denen die Evolution das »Geschöpf Mensch« einst ausgestattet hatte, wiederentdeckt. Die meisten sind uns zwar bekannt, wir haben sie jedoch häufig achtlos zur Kenntnis genommen, ohne zu begreifen, welch ungeheuren Schatz jeder von uns in seinen Händen hielt und wie leichtfertig wir ihn oft vergeudet hatten.

Die Rede ist von den »Begabungen« des Menschen, etwa zur Liebe und zum Mitleid, zum Lachen und zum Weinen, nebst den damit verbundenen Emotionen. Ebenso wie seine Befähigung zur Musik, Schrift, Kunst und zum Genuss, desgleichen seine Fähigkeiten zur Erinnerung wie zum Vergessen, sein Talent zu Entscheidungen und Kausalitäten, schließlich sein Verlangen nach Freiheit und Selbstbestimmung und an erster Stelle die Gegenwart von »Ich« und »Du«.

Einige dieser Eigenschaften waren sicherlich dienlich im Überlebenskampf gewesen. Sie können mit dem darwinschen Funktionsparadigma erklärt werden. Wenngleich, recht besehen, damit noch nichts erklärt ist, aber das Unerklärbare wird mit den begrenzten Mitteln unserer Vorstellungen zur Deckung gebracht, deswegen akzeptieren wir Darwins Fundstück: besser als nichts!

Viele der Begabungen sind unnötiges, wenngleich wundervolles Beiwerk, das im Hochbetrieb ums Fortbestehen keine oder nur eine untergeordnete Rolle gespielt haben dürfte. Es ist nach den Regeln der Evolution ohne jeden Sinn, es sei denn, seine tiefe Bedeutung bestünde darin, unserem Leben einen Sinn zu geben, den das bare Überleben nicht zu stiften vermag.

Aber woher kommt die Idee des »Sinnhaften«, das sich durch Begabungen herzustellen weiß? Woher kommt der Zufall als Gebieter über unser Leben? Wer hat die Mechanik der Mutation eingerichtet? Sie selbst kann es nicht gewesen sein.

Wir wissen es nicht.

Ich gebe zu, ich habe mich durchweg schwergetan mit diesem Text und war des Öfteren versucht, ihn endgültig zur Seite zu legen, denn die Beschäftigung mit dem sperrigen Thema bedrohte eine der brauchbarsten Ressourcen zur Bewältigung des Alterns: die Verdrängung. Die hatte zwar zu meiner Studentenzeit schlechte Presse und galt als Ursache allerlei persönlicher Missstände wie Beziehungsprobleme, Bindungsängste, Neurosen oder Psychosen. In dieser Funktion ist die Verdrängung ein wichtiger Baustein der Psychoanalyse. Ohne ihre Verortung in der komplexen Psychomechanik Freuds jedoch recht verstanden zu haben, wurde sie zu einem gebräuchlichen Kampfbegriff im Beziehungstumult jener Zeit.

Der Vorwurf »Du verdrängst!« setzte den Beschuldigten augenblicklich ins Unrecht. Denn damals stand die Verdrängung moralisch auf einer Ebene mit Lug und Trug und Hochstapelei. Wer verdrängte, versuchte, sein wahres Ich vor den anderen zu verbergen, was dem Tatbestand der arglistigen Täuschung schon recht nahekam.

Heute indes wissen wir, dass die Verdrängung ein kostbares Geschenk der Evolution an uns ist. Wer sie im Alter beherrscht, verfügt über ein solides Fundament, um Gegenwart und Zukunft zu bewältigen. Mittels der Verdrängung legen wir, um ihre negativen Energien zu neutralisieren, unerfreuliche Gedanken, Erinnerungen und Erfahrungen, an denen im Alter nie Mangel sein wird, zur Seite. Diese Form der Entsorgung wirkt selten auf Dauer, aber zumindest für den Augenblick, und in dem haben wir uns ohnehin eingerichtet.

Gelegentlich kam mir die Idee, ob es nicht untersagt sein sollte, über das Alter überhaupt nachzudenken. Ob Unwissenheit nicht besser wäre als die eine oder andere Einsicht im Meer der Einzelheiten, an denen ohnehin nichts zu ändern ist. Dann wieder wollte ich vor der unvorstellbaren Menge der Themen und Details kapitulieren. Das Zeitintervall, um das es mir geht, die »achte Dekade«, ist zwar leicht benannt, aber dahinter verbirgt sich eine Vielfalt, die sich jeder eindeutigen Beschreibung entzieht. Jeder Versuch eines sprachlichen Zugriffs drohte mir augenblicklich zwischen den Fingern zu zerrinnen. Es gibt keine Summe, sondern nur das Gewimmel von Bienen im Bienenstock.

Kurz, wer sich mit dem Alter beschäftigt, dem fliegt bald das ganze Leben um die Ohren. Die Jungen versuchen es vom Anfang, die Alten vom Ende her zu begreifen. Viel Erfolg werden beide nicht haben können, denn jedes Nachdenken bricht an der Unvorstellbarkeit des Endes ab.

Eines fernen Tages werden wir vielleicht in der Lage sein zu begreifen, was es mit dem Universum auf sich hat. Uns selbst indes werden wir nie recht erkennen können. Unser Leben ist zu vielschichtig und kurz, und mit jedem Ende gehen seine Informationen, von einigen kärglichen Notizen abgesehen, für immer verloren.

Warum ich trotz alledem weitergemacht habe? Pflichtbewusstsein – »man führt sein Sach' zu Ende«? Das Drängen der Lektoren? Freude am Schreiben und Nachdenken? Sinnsuche eines Betagten? Haben mich die gut gemeinten Ermunterungen und Warnungen von Freunden und Bekannten oder die abgründig verstörende Anziehungskraft des Themas bei der Stange gehalten? Ich weiß es nicht recht und vermute, von allem ein wenig.

Dabei geht es nicht um Zusammenhänge. Die braucht's im Alter nicht mehr. Die brauchte man für Karrieren, Erfolge und Zukunft. Mit denen sind wir fertig. Wir haben es stattdessen im Folgenden auf Einzelheiten, Augenblicke und Fragmente abgesehen.

»Es sind die Details, Dummkopf«, gab mir eine Freundin, die wie ich im Alter ist, mit auf den Weg. Denen versuche ich auf der Spur zu sein und auf die Schliche zu kommen. Querfeldein wird losgedacht, und wenn das Ergebnis zuweilen mit der Realität übereinstimmen sollte, umso besser.

DIE GESELLSCHAFT VOM DACHBODEN

»Wir sind Schweine
aus der Herde Epikurs.«

Wir haben Wegbegleiter gesucht und uns zusammenge-
funden. Zum Zweck, gemeinsam jener Zeit in unserem
Leben entgegenzugehen, von der wir aus eigener und
fremder Erfahrung nur zu gut wissen, dass sie »gefährlich«,
»erbärmlich«, »hoffnungslos entwürdigend«, »unbarmherzig« oder »elend« sein kann, wie Befragungen ergaben, bei
denen alte Menschen gebeten wurden, drei Adjektive zum
Altern zu benennen. Attribute wie »erfüllt«, »sorgenlos«
oder auch nur »zufrieden« wurden, nebenbei, seltener genannt. Dem setzten wir eines schönen Tages und ohne erkennbaren Anlass im poetischen Verfahren als Trutzbündnis einen sozialen Gesellungsraum entgegen.

Doch, einen Anlass, besser einen Anstoß, gab es schon.
Ein Zitat von – ausgerechnet – Anthony Hopkins: »Keiner
von uns kommt lebend hier raus. Also hört auf, euch wie
ein Andenken zu behandeln. Esst leckeres Essen. Spaziert
in der Sonne. Springt ins Meer. Sagt die Wahrheit und
tragt euer Herz auf der Zunge. Seid albern. Seid freundlich. Seid komisch. Für nichts anderes ist Zeit.«

Wir sind indes keine »Kommune« im Sinne der Verschwörer vom Kochelsee, wo einst die K1 aus der Taufe gehoben wurde, wenngleich zwei von uns vor langen Zeiten ähnliche Vorstellungen vertreten hatten, ohne sie jedoch entschlossen in die Tat umzusetzen. Unser Trutzbündnis ist keine Gemeinschaft als »Keimzelle für eine neue Gesellschaft«. Dazu sind wir zu alt und illusionslos. Ein wenig »Lebenskunst« ist das einzige Fernziel, das uns als eine sehr private Angelegenheit geblieben ist. Wir streben kein »richtiges Leben im falschen an«, sondern Unterstützung für die Bewältigung des Augenblicks im Alltag. Wir versuchen nicht, uns ein weiteres Mal zu »entwurzeln«. Im Gegenteil: Wir wären froh, wenn wir noch einmal ein paar Wurzeln schlagen dürften. Deswegen sind wir zusammengekommen.

Zwei indes, mit denen ich fest gerechnet hatte, sind bereits gegangen. Ich habe das als Verrat empfunden, denn ich hatte sie als treue Begleiter zur allgemeinen Verwendung fest in meinen zukünftigen Lebensentwurf eingeplant. Sie waren von der Sorte gewesen, bei der es kaum Worte zur Übereinstimmung bedarf. Die war vorausgesetzt, ebenso wie die Entschlossenheit, keinen Streit aufkommen zu lassen. Dem Außenstehenden mag solches Gleichmaß eintönig erscheinen. Uns war es eine feste Burg, die Deckung und Geborgenheit in unsicheren Zeiten – denen des Alterns – versprach. Nun sind die beiden fort und mit ihnen über lange Dauer sturmsichere Beziehungen. Sie werden nicht ersetzt werden können, denn im Alter entwickeln sich neue Beziehungen sehr selten vom Kennenlernen über die gute Bekanntschaft hin zum Freund.

Durchschnittlich sind wir gut über siebzig. Unsere Biografien, meine eingeschlossen, wirken, im Vergleich zu denen unserer Vorfahren, ein wenig unbehaust und unstet. In turbulenten Zeiten hätten wir leicht in Schwierigkeiten geraten können, aber die Umstände waren gnädig und erlaubten ein Maß an Beliebigkeit und Lässigkeit, das unter anderen Bedingungen frivol oder riskant gewesen wäre.

Wir reagierten mit unserem Plan einer Lebenskooperative auch auf Diagnosen zur Zeit, wonach die heutige Gesellschaft vielen Menschen als ein »gefährlicher und prekärer Ort erscheint«, in dem es keinerlei Gewissheiten mehr gibt und wo selbst die festen und auf lange Dauer angelegten Gemeinschaften erodieren. Von einem »Narrativ des Verlustes« und »neuer Unübersichtlichkeit« ist in besorgniserregendem Ton die Rede. Zudem führt der moderne Mensch im Rahmen dieser Randbedingungen ein »nomadisches Dasein«, in dem soziale Kontakte zwar zahlreich sind, aber flüchtig und kurzfristig bleiben.

Wahlweise ist auch von »Singularität« oder einer »Ich-Gesellschaft« die Rede, in der jeder für sich der Befriedigung seiner Vorstellungen vom erfüllten Leben nachgeht, während ihm der andere im besten Fall Mittel zum Zweck ist. Das klingt bedrohlich, vor allem in den Ohren von alternden Menschen, die immer stärker auf Familie, Freundschaft und Hilfsbereitschaft angewiesen sein werden.

Wir werden der Gesellschaft mit zunehmendem Alter einiges abverlangen müssen, denn mit unserer eigenen sozialen Altersvorsorge sind wir in den zurückliegenden Jahrzehnten unbekümmert schlampig umgegangen. Wir haben uns so verhalten, als ob die Natur bei uns eine Ausnahme machen und uns ein ewiges Leben schenken würde. Unsere private kleine Alterspyramide schaut zerfleddert aus, wie eine Weihnachtstanne, die lange Wochen nach dem Fest auf dem Bürgersteig vor der Haustür liegen geblieben ist.

Unsere Eltern sind mit einer Ausnahme von uns gegangen. Die Beziehungen zur Verwandtschaft sind freundlich unverbindlich und taugen nicht für den Notfall, vor allem, wenn der sich über längere Zeiten hinziehen sollte. Nur einer von uns kann auf »Familie« mit ihrer oft anrührenden Opferbereitschaft zurückgreifen. Zwei haben erwachsene Kinder, die längst weit in die Welt hinausgezogen sind und dort erfolgreich ihren Berufen nachgehen. Der Kontakt mit ihnen ist so eng, wie Telefon und WhatsApp es zulassen, und von jener herzlichen Unverbindlichkeit, die genau um die eng gezogenen Grenzen des Zumutbaren weiß. Zwei weitere leibliche Kinder sind im Affärentumult jener Zeit verloren gegangen. Es gibt auch Enkel, die jedoch in einem Alter sind, in dem das Schicksal ferner Großeltern vorläufig keine Rolle spielt, wenn überhaupt je.

Jeder hat unzählige Bekannte und einige Freunde, aber eine unsentimentale Bestandsaufnahme zu deren Hilfsbereitschaft bei Schlaganfällen, Behinderungen, langem Leiden und elendem Siechtum hat keine verlässliche Belastbarkeit zutage gefördert.

Während unserer beruflichen Karrieren waren wir durchgängig unauffälliger Durchschnitt, von der Sorte, die wenig Anlass zu Neid und Missgunst bietet, aber ein solides Fundament für eine auskömmliche Rente garantiert.

Unsere gemeinsame Geburtenrate, die Geschiedenen oder nach langen Jahren entsorgten Lebensabschnittspartner mit eingerechnet, liegt mit 1,3 Kindern knapp unter dem deutschen Durchschnitt. Wir hinterlassen also stattliche Lücken in der Bevölkerungspyramide und bei denjenigen, die durch ihre Rentenbeiträge unseren Lebensabend finanzieren sollen. Unsere Einkünfte liegen am unteren Rand der oberen Hälfte. Wir sind Mittelmaß in jeder Hinsicht und befürchten, dass wir uns auf unruhige Zeiten einrichten müssen.

Wir sind überzeugt, die Politik wird daran wenig ändern können. Also haben wir zur Selbsthilfe gegriffen. Für die modernen, »dislokalen Assoziationsformen«, die das Internet bereitstellt, fehlen uns Verständnis und Geschicklichkeit, zudem mögen wir es gerne leiblich mit Stimme und Geruch, selbst wenn es riecht. Folglich greifen wir auf die bewährte Form der regelmäßigen Zusammenkunft als einer Art Freundeskreis zurück.

Eine Zusammenkunft, für die erst einmal ein Name gefunden werden musste. Fünf graue Köpfe führten unweigerlich zu einer Vielzahl an – nicht unbedingt tauglichen – Vorschlägen.

»Fähnlein der fünf Aufrechten!«

Das gefiel zwar wegen der leichten Alliteration, wurde aber schnell wegen der kaum noch bekannten Bedeutung von »Fähnlein« beiseitegelegt.

»Freibeuter?«

Klang zwar gut, aber »wir erbeuten nichts mehr«.

»Irgendwas mit Glücksjäger.«

»Warum nicht Schürzenjäger?«

»Lebenskünstler?«

»Die Götze von Berlichingen!«

»Kein Kommentar!«

Alles wenig überzeugend.

Schließlich einigten wir uns auf »GvD« nach einem Roman aus der Gründerzeit der Republik: »Die Gesellschaft vom Dachboden«. Damals, 1946, war der Autor, Ernst Kreuder, als »erste große Hoffnung« der jungen deutschen Literatur nach dem Krieg begrüßt worden. Es blieb bei der Hoffnung. Buch und Autor sind längst vergessen.

Wir verdankten die Trouvaille Karl-Bernd aus Wuppertal, kurz KBW geheißen, einem Volkshochschuldozenten, der dort jahrzehntelang in kleinem Kreis für gutes Geld über Nachkriegsliteratur doziert hatte. Die Protagonisten des schmalen Bandes lebten sorglos und unvernünftig, in anarchischer Ungebundenheit, ohne erkennbaren Zweck als »realistische Träumer« in den Tag hinein. Als solche verstehen auch wir uns. Unser Bedarf an Realität und Politik ist gedeckt, wir haben uns damit abgefunden, dass alles zwar erklärbar, aber nichts begreifbar ist und dass sich daran nichts mehr ändern wird. Schon gar nicht durch unser Eingreifen. Also halten wir uns unauffällig zurück.

Einen Unterschied zum literarischen Vorbild gibt es indes doch. Während deren Dachboden »muffig nach Staub roch und Öfen, Gardinenstangen und Vogelkäfige ineinandergeschoben durcheinander- und übereinanderlagen«, herrscht bei einigen von uns, hoch über den Dächern Berlins, die lässige Ordnung großer Räume und das Ambiente sorgfältig ausgesuchter Möbel und Objekte.

Als ideelles Gesamtprojekt sind die Mitglieder der GvD gut beieinander, nur jeder Einzelne für sich genommen lässt nach. Die Sinne werden uns schwächer. Theo sitzt meist an der Schmalseite eines Tisches und wendet uns die rechte Schulter zu, über der sein besseres Ohr liegt. Das unerbittliche Fortschreiten seiner Taubheit könnte man an der Zunahme des Winkels bemessen, mit dem er sich uns zudreht.

Lore indes sucht ständig ihre Brille. »Ich will gar nicht mehr in die Ferne sehen, dort habe ich ohnehin nichts verloren, mit reicht die Nähe«, kommentiert sie in fröhlicher Verbitterung ihr abnehmendes Augenlicht. Den Vorschlag, ihre Brille an leichter Kette um den Hals zu tragen, lehnt sie entschlossen ab: »Das macht alt«.

Kürzlich hat sie die billigen Lesebrillen in den Drogeriemärkten entdeckt und verstreut sie seither, so wie der Landwirt im Herbst die Saat, um immer eine griffbereit zu haben.

Diese Form salopper Verzweiflung, die den anderen in Kenntnis setzt, ohne ihn mitleiden zu lassen, mögen wir. Wir sind um einen unsentimentalen Umgang mit unseren Beschwerden bemüht. Was nicht zu ändern ist, braucht nicht beklagt zu werden. »Existenzialen Heroismus« hat unser Volkshochschulphilosoph das genannt, ohne dass wir recht verstanden haben, was es damit auf sich hat. Klingt aber gut!

Selbstredend leben wir nicht in beengten Umständen, sondern, wie wir errechnet haben, durchschnittlich auf 73 Quadratmetern, in mittlerer Etage mit Aufzug, und besitzen Balkone, von denen zwei groß genug für Gemeinsamkeiten sind.

Wir tagen reihum. Wobei der aktuelle Gastgeber am Schluss dem nächsten unsere »Wanderurne« in die Hand drückt. In ihr sind die sterblichen Überreste von Johannes aufbewahrt, der als Erster gegangen war und auf diese Weise stets unter uns bleibt. Das ist unsere Form der Erinnerungskultur. Kein Vergleich mit den ägyptischen Pyramiden, zugegeben, dafür aber von herzlicher Unmittelbarkeit. Auf einem Leitzaufkleber hat Gesine, die von uns allen die schönste Schrift besitzt, das Geburtsdatum sowie die letzten Worte von Johannes notiert und auf die Urne geklebt. »Es war ganz interessant, hier gewesen zu sein«, steht nun auf dem dunklen Gefäß zu lesen.

Johannes war an einem zähen, gnadenlosen Krebs eingegangen. Wir hatten sein Sterben über lange Wochen bis in die unappetitlichen Einzelheiten miterlebt. Irgendwann ging es dann doch schnell. Alles, was von ihm übrig blieb, war ein kleiner, ausgebeinter Kopf, aus dem uns zwei große dunkle Augen ängstlich und ziellos anschauten, wenn wir uns über sein Bett beugten. Dort verbrachte er, eingehüllt in einer eigentümlich süßlichen Geruchswolke, seine letzten Stunden. Zuletzt hatte er sich einen Kopfhörer, der an seinem ausgemergelten Kopf wie ein Paar Elefantenohren wirkte, übergestülpt und hörte jede Minute, die ihm blieb, Mark Zavon und die Band Kill Devil Hill mit »Leave It All Behind«. Die Lautstärke in den Hörmuscheln übertraf die eines startenden Düsenflugzeugs um einiges, trotzdem schaute er beglückt, als ob er soeben ins Paradies eingezogen wäre, aus der Tiefe seines Kopfkissens.

»Das wird schon wieder.«

»Du siehst schon viel besser aus.«

Weder sah er besser aus, noch wurde es wieder, im Gegenteil. Er floss uns unter den Händen weg, ohne dass wir eine Chance hatten, ihm zu helfen. Das hat uns zwar nicht sterben gelehrt, aber einen gehörigen Schrecken eingejagt, der noch eine ganze Weile weiterwirkte.

Irgendwann hatte die Zeit ein Erbarmen mit uns. Die trostlosen Eindrücke aus den letzten Wochen unseres Freundes zogen sich zurück und verschwanden allmählich bis auf gelegentliche Reste aus unserer Erinnerung. Was blieb, war eine Handvoll Geschichten, mittels derer wir uns seiner manchmal erinnerten.

Johannes war der Einzige unter uns, der seinen Lebensunterhalt mit seiner Hände Arbeit verdient hatte. Nach einer verwirrenden Karriere durch eine Vielfalt höchst unterschiedlicher Beschäftigungen und Berufe, wie man sie gerne amerikanischen Schriftstellern oder Schauspielern nachsagt, heuerte er in einer Werkstatt an, die sich auf Oldtimer spezialisiert hatte. Sein geschickter Umgang mit klapprigen Ventilen und verstopften Vergasern und die behagliche Aura, die von ihm ausging, verschafften ihm nach und nach Zutritt zu den betuchten Kreisen der Stadt, an denen er uns ab und an teilhaben ließ. Die Beziehung zu uns, die wir keine Oldtimer, sondern Volvo fuhren, kam durch KBW zustande. Der hatte Johannes auf der Gegengeraden des örtlichen Fußballstadions kennengelernt, wo die beiden über Jahre hinweg nebeneinandersaßen und ohne großen Erfolg ihre Mannschaft anfeuerten.

Wir erinnern an Johannes vor allem in Form von Anekdoten aus seinem Leben, die wir uns regelmäßig erzählen. Bei dieser Gelegenheit fiel uns auf, dass die meisten Verstorbenen, mit Ausnahme derjenigen, die ein Werk geschaffen haben, kaum mehr als einige Anekdoten im Gedächtnis der Zurückgebliebenen hinterlassen. Das sei die »moderne Form der Unsterblichkeit«, in einer Zeit, in der die christliche entsorgt worden sei, belehrte uns KBW. Leider begrenzte das Erinnerungsvermögen der Anekdotenverwalter ihre Dauer. Unser Nachleben sei in »völlige Abhängigkeit von der Vergesslichkeit der Nachfahren« geraten. Aber das sei der Preis der Modernität.

Johannes wäre vermutlich sehr enttäuscht gewesen, wenn er erfahren hätte, dass er vor allem in Form einiger oberflächlicher Anekdoten der Nachwelt in Erinnerung geblieben war. Er hatte ursprünglich mehr im Sinn gehabt. Er wollte etwas hinterlassen. Was genau, hat er nicht verraten, wenn er überhaupt eine konkrete Vorstellung gehabt hat. Es sollte Bestand haben und über das übliche Erbe – Immobilien, Krimskrams oder Barschaft – hinausgehen. Irgendetwas, das aus der Welt einen besseren Platz machen würde und bei dessen Gebrauch sich die Hinterbliebenen dankbar an ihn erinnern müssten. Egal was! Eine Erfindung, ein literarischer Text, Bilder, Musik oder eine Entdeckung. Leider hatte er, wie die anderen Mitglieder der GvD, keine einzige Begabung, die über den Durchschnitt hinausging. So blieb es notgedrungen bei den Anekdoten.

Die Frage: »Was bleibt?« und Überlegungen, was zu tun sei, um der eigenen Hinterlassenschaft Substanz und Dauer zu verleihen, beschäftigen uns seit Johannes' Tod gelegentlich. Gesine hat vor langer Zeit einen Werkkreis namens »Strickstrumpf« ins Leben gerufen, in dem sie nach alter Art Stricken, Häkeln und Handarbeit lehrt. Sie möchte ihre Barschaft in eine Stiftung einbringen, um bei der örtlichen Volkshochschule eine Stelle zu finanzieren, die den »Strickstrumpf« dort auf Dauer etablieren soll. »Und jeder Topflappen wäre ein Stück Unsterblichkeit«, kommentierte KBW das maschenreiche Zukunftsprojekt.

Er selbst werkelt ebenfalls an seinem Nachleben und hat vor Jahren begonnen, über »Mittelmaß und Lügenmärchen als soziale Strukturprinzipien« zu schreiben. Zu fortgeschrittener Stunde lässt er uns gelegentlich in längeren Monologen an seinen Überlegungen teilhaben. Das Zuhören will ertragen sein, gehört aber zur GvD-Gemeinsamkeit. Es scheint, er ist der Überzeugung, die im Titel genannten Motive seien die tieferen Ursachen für jede Form gesellschaftlichen Zusammenhalts, und nicht, wie man vermuten würde, deren Gegenteile. KBW möchte nachweisen, dass die wahren Grundlagen unseres Gemeinwesens nicht Fleiß, Talent und Wahrheitsliebe sind – die »Heilige Dreifaltigkeit« der traditionellen Werte –, sondern das Gegenteil: Lüge, Faulheit, Mittelmaß.

»Wären wir so fleißig, wie wir sein könnten, hätten wir die Erde längst verzehrt«, erläutert er. »Blieben wir strikt bei der Wahrheit, kämen wir kein Wochenende miteinander aus. Sie ist die Ausnahme, deren Gegenteil die Regel, und wären wir alle begabt, dann wären wir heillos zerstritten.«

Bislang sind seine Bemühungen über eine Flut von Zetteln und Notizen kaum hinausgekommen. Er befürchtet, nicht zu Unrecht, dass es bei einer Loseblattsammlung, die eines fernen Tages im Altpapiercontainer landet, bleiben könnte.

Theo wiederum hinterlässt rätselhafte Gedichte, die »das Papier nicht wert sind«, auf dem sie im Eigenverlag gedruckt wurden, wie er bekümmert eingesteht.

Lore, die Französisch und Sport unterrichtet hatte, hinterlässt zwei prächtig geratene Kinder. »Das ist der beste Nachlass«, mischt sie sich unbekümmert in unsere melancholischen Hoffnungen auf ein wenig Unvergänglichkeit ein. Sie hatte versucht, ein Leben, wie es sich gehört, hinzulegen: Beruf, Ehe, Nachwuchs, bis ihr Mann eines Tages mit einer Lehramtskandidatin durchging. Auch danach hielt sie unverdrossen und diszipliniert an ihrer Vorstellung von einer intakten Familie fest. Zum Leben sind ihr am Ende zwei ferne Töchter geblieben.

Recht betrachtet ist es jedoch ein Segen, dass die Hinterlassenschaften meist armselig sind. Menschen mit Begabungen neigen zu üppigen Nachlässen. Deswegen geht die Natur sparsam mit Talenten um. Andernfalls wäre die Welt, wie der Dachboden eines Mehrfamilienhauses, vollgestopft mit Unrat.

Unser Leben wie unser Erbe sind auf Flüchtigkeit und Vergänglichkeit angelegt. Mit der herkömmlichen Erinnerungskultur haben wir es ohnehin nicht so. Es fehlen uns die festen Orte, an denen wir den Toten nahe sind. In dem kleinen badischen Dorf, in dem ich aufgewachsen bin, zog die Gemeinde jeden Sonntag nach der Messe auf den Friedhof hinter der Kirche. Dort betete sie für die Verstorbenen. Die alten Frauen fielen vor den Gräbern auf die Knie und ordneten mit kleinen, scheuen Bewegungen die Bepflanzung. Anschließend richteten sie sich an der rechten Schulter ihres Begleiters mühsam wieder auf und verließen, nachdem sie das Kreuz geschlagen hatten, still und nachdenklich die heilige Stätte. Wer einen Ehepartner oder ein Kind verloren hatte, trug ein Jahr lang die Farbe der Trauer. Heute trägt sie anlasslos jeder urbane Flaneur. Bei unseren gelegentlichen Überlegungen zur eigenen Bestattung verzichten wir, ohne zu zögern, auf das klassische Grab, aus Furcht, nach dem Tod lästig zu werden und die Nachfahren mit Instandhaltung und Besuchen zu belasten. Pflegefreundliche Urne und Mauerfach tun es längst.

»Wie willst du bestattet werden?«

»Grabstein? Grünzeug? Letzte Worte?«

»Um Gottes willen! Unbedingt die kleine Lösung: Einäschern, und was übrig bleibt: ab in die Urne.«

»Oder unter einen Rosenbusch, dort kannst du noch Sinnvolles tun.«

»Genau! Üppiger Auswuchs im nächsten Frühjahr!«

»Vermutlich das einzig Bedeutsame, was ich je getan haben werde.«

»Du übertreibst!«

»Je spurloser, desto besser.«

»Unbedingt!«

»Keine Spuren hinterlassen!«

»Stimmt. Du weißt nie, was mit ihnen geschieht.«

All diese lockeren Verluste und Verzichte haben den Versuch gemeinsam, den Tod und das Hinterbleiben aus unserem Alltag zu tilgen. Wir haben damit in den zurückliegenden Jahrzehnten gute Fortschritte erzielt. Es wird sich eines Tages zeigen, ob eine Gesellschaft, die keine Erinnerungskultur mehr kennt, überhaupt noch Kultur haben kann. Aber bis dahin wird eine Zeit gekommen sein, die wir von der GvD nicht mehr erleben werden.

Es ist, nebenbei, vermutet worden, dass nicht Johannes in der Urne ruht, sondern dass sie die Überreste eines fröhlichen Kaminabends enthält. Aber wer will bei solcher Gemengelage schon letzte Klarheit haben?

Wir mussten der GvD bald eine Satzung als Leitplanke für den gemeinsamen Weg in die Zukunft geben. Denn jeder Zusammenschluss alter Menschen stößt unweigerlich auf versteinerte Unbelehrbarkeit und zähe Ressentiments, die sich über Jahrzehnte eingenistet haben. Jeder brachte umgehend mit der Geste der Unfehlbarkeit die seinen in das kleine Kollektiv ein, fest entschlossen, sie zur Grundlage eines »allgemeinen Gesetzes« zu machen.

Wir wären bald wieder auseinandergegangen, wenn wir nicht Theo beauftragt hätten, einige verbindliche Regeln für die GvD zu formulieren. Denn Theo, der auf der »ISABELL II« viele Jahre KüMo zwischen Rostock und St. Petersburg gefahren war, hatte sich ohne jeden Erfolg in den langen, einsamen Nächten am Ruder als Lyriker in der Tradition des Dadaismus versucht. Das hatte ihn eine gewisse Einsilbigkeit gelehrt, die sich wohltuend von der Redseligkeit der anderen abhob.

Vier Programmpunkte legte er in einer »Beschlussvorlage für den 29. Mai« vor.

»Libellentanz«

»Sir, geben Sie Gedankenfreiheit!«

»Nett gemeint, reicht nicht.«

»Klar Schiff«

Was es mit dem »Libellentanz« auf sich habe, wollten wir vor der Abstimmung wissen.

»Keine Ahnung.«

»Großartig!«

»Einstimmig angenommen!«

Dada eben!

Mit seinem alten Kommando »Klar Schiff!« schlug Theo vor, zeitgenössisches Spielzeug beiseitezuräumen. Seither gilt ein abendliches Googleverbot in der GvD, das nur nach Absprache zu einmaligem Gebrauch kurz aufgehoben werden darf. Denn all die herrlich bedeutsamen Fakten, die wir im Laufe eines langen, der Kulturindustrie verpflichteten Lebens in unseren Gedächtnissen angesammelt hatten, sind mit der Erfindung des Internets über Nacht wertlos geworden. Seither kann jeder Zwölfjährige die entlegensten Informationen innerhalb weniger Sekunden aufspüren.

Wer hat den Industriellen nebst dessen Diener in »Drei Männer im Schnee« gespielt? Paul Dahlke und Günther Lüders. Keiner wird das bezweifeln wollen. Wer aber hat den Dr. Fritz Hagedorn gegeben? Adrian Hoven oder Claus Biederstaedt? Diese Frage, an die Jugend gestellt, ist schon deswegen töricht, weil die von keinem der genannten Schauspieler je gehört hat. Woher auch? In Vor-Google-Zeiten kamen an solchen Stellen wir Ältere unverzichtbar ins Spiel. Wir kannten die Namen und wussten zu unterscheiden. Das waren kurze, aber beglückende Momente des folgenlosen Besserwissens, verbunden mit dem kostbaren Gefühl, gebraucht zu werden.

Die richtige Antwort, nebenbei, ist Claus Biederstaedt.

Heute sind uns solche stolzen Augenblicke abhandengekommen, nur bei Batterieversagen oder im Funkloch sind die Jüngeren gelegentlich noch auf unser Wissen angewiesen. Deshalb stellen wir, ohne große Hoffnung auf Interesse an ihrer Beantwortung, inzwischen selbst die Fragen: »Wer ist der dritte Langmantelträger in der Eingangsszene von ›Spiel mir das Lied von Tod‹?« Die beiden anderen, natürlich Woody Strode und Jack Elam mit dem hängenden Auge, klar doch. Aber der Dritte?

»Al Mulock!«

»Ehrlich, den hätt' ich jetzt nicht gewusst.«

»Weißt du, dass er sich bei den Dreharbeiten aus dem Hotelfenster zu Tode gestürzt hat?«

»Wie passend. Nein, wusste ich nicht, interessant.«

»Wo finden wir das Vorbild für diese Szene?«

»Zwölf Uhr mittags.«

»Wer …?«

»Lee Van Cleef.«

So geht's!

Diejenigen, die noch nähere Bekanntschaft mit Goethe und Herder nebst »Freischütz« und der »Ode« gemacht haben, werden bemängeln, dass man, wenn schon die Alten im Unterhaltungssumpf und in absoluter Trivialität versinken, kaum von der Jugend verlangen könne, sich für unser klassisches Erbe zu begeistern. Schon recht! Aber wir verlangen nichts von niemanden mehr. Egal, wie wir auf der letzten Strecke unterwegs sind, wir werden niemanden mehr zu nichts bekehren.

Herrlich, wie ein mit bedeutungslosem Müll bis zum Rand vollgestopftes Gehirn in einer Welt voller Zwänge frei und grenzenlos umherschweifen kann, während sich mit jedem neuerlichen Erinnerungspartikel ein erlesener Entdeckerstolz einstellt – das Heureka der alten Leutchen. Wie hieß der dritte Torwart in der Weltmeisterschaftself von 1954? Oder warum haben wir nie gegen Korea gespielt, mit dem wir in derselben Gruppe waren, hingegen einmal gegen die Ungarn und zweimal gegen die Türken? Jetzt geht's ans Eingemachte! Solcherart kann einem die Zeit schnell zwischen den Fingern verrinnen.

Bei der freihändigen Beantwortung dieser Fragen entsteht für einen Moment jenes Gefühl der Überlegenheit, das im Alter zur seltenen Ausnahme wird.

Nun hat das Internet unseren sorgfältig gepflegten und über lange Zeit angehäuften Erinnerungswildwuchs jäh ausgejätet und auf Knopfdruck jedem zugänglich gemacht. Was dem Rest der Menschheit wie ein Zugewinn erscheint, ist für uns Alte indes ein Verlustgeschäft, eine Enteignung unserer geistigen Habseligkeiten, die fortan in der Anonymität des Internets verschwinden. Damit dünnt sich unsere Lebensqualität weiter aus.

Da wir dem gesellschaftlichen Fortschritt jedoch nicht im Wege stehen wollen, haben wir unsere Erinnerungsschätze eingepackt, ausgelagert und einen internetfreien Raum geschaffen, zu dem die lästige Allwissenheit keinen Zugang hat. Wir haben uns einen analogen Rückzugsort, vergleichbar dem »Tal der Ahnungslosen« in der einstigen DDR, eingerichtet, wo geistiges Handwerk wie Grübeln, Kopfzerbrechen und Nachsinnen weiterhin gepflegt werden – einschließlich des Eingeständnisses, etwas nicht zu wissen. Das legen wir dann, ohne den Griff ins Internet, gelassen auf Wiedervorlage zur Seite.

Das klingt zwar ein wenig aus der Zeit, aber andere Errungenschaften des kommunikativen Fortschritts nehmen wir gerne in Anspruch. Wir haben Freunde auf Facebook, whatsappen, skypen und wissen immerhin, Instagram von Snapchat zu unterscheiden.

Der abendliche Ausstieg aus der Allgegenwart des Internets und die endlosen Streifzüge durch unsere Erinnerungen sowie die Spuren, die sie im Gedächtnis hinterlassen haben, führen uns stets aufs Neue durch unerschöpfliche Gefilde. Ständig tun sich dunkle Ecken auf, werden ausgeleuchtet und neugierig in allen Einzelheiten wiederentdeckt. Eine Frage führt zur nächsten, ein Thema erschließt ein weiteres, jeder Name, jedes Datum, jede Bekanntschaft zieht zahllose Assoziationen nach sich, die sich mit rasender Geschwindigkeit nach allen Seiten hin ausbreiten. Es ist nicht abzusehen, ob wir unsere Wegzehrung je aufbrauchen werden. Vermutlich benötigt es den letzten Atemzug, um sie zu erschöpfen.

Im Hintergrund läuft laut und für alle gut hörbar »Sgt. Pepper's«.

»Kennt einer von euch den sechsten Beatle?«

Gute Frage zum rechten Zeitpunkt! Es braucht einigen Stimmaufwand, um Gehör zu finden, denn dem stehen die Lautstärke der Musik und die Schwäche der Ohren im Wege.

»Sagst du sechs?«

»Ja, sechs!«

»Ich hab' die Stones gehört.«

»Ich weiß nur von fünfen. Stuart Sutcliffe!«

»Den mein ich aber nicht, ich rede vom sechsten.«

»Best of the Beatles.«

Was der Sache schon recht nahekommt.

»Bravo! Was ist eigentlich aus dem geworden?«

»Nichts weiter.«

Nachdem die Untiefen der frühen Beatlesgeschichte zur Zufriedenheit aller aus reinem, absolutem Gedächtnis ausgelotet sind, herrscht wunschlose Stille. So geht Altern mit Vergangenheit.

»Nett gemeint, reicht nicht«, hatte Theo noch als Programmpunkt der »Beschlussvorlage für den 29. Mai« vorgeschlagen und sich dabei auf eine Einsicht von Oscar Wilde bezogen: »Es ist immer töricht, Rat zu erteilen, aber guten Rat zu erteilen, ist verhängnisvoll.«

Daraus folgern wir für die GvD: kein Ratschlag zu nichts, es sei denn, er ist ausdrücklich erbeten. Ratschläge sind die Brennnesseln im Salat des Lebens und enge Verwandte der Besserwisserei, einer besonders unerträglichen Zeitgenossin. Sie kommen zwar häufig als gute Absicht daher, sind jedoch stets der Triumph über die Unzulänglichkeiten des anderen. »Ratschläge sind auch Schläge«, heißt es etwas ungelenk, aber zutreffend im Volksmund. Hinter dem vordergründig unschuldigen Rat verbirgt sich immer eine Fülle hinterlistiger Bedeutungen. Der unerbetene Rat bezeugt, dass der Ratgeber es besser weiß. Er kritisiert – bewusst oder unbewusst –, was der Adressat des Rates plant oder bereits getan hat. Damit versetzt er ihn in die Lage des ratlos Suchenden, der an einem Problem zu scheitern droht und auf die Hilfe anderer angewiesen ist.

Guter Rat ist nicht »teuer«, wie es das Sprichwort will,

sondern im Gegenteil: Er ist billig. Er kostet den Ratgeber außer seiner Beredsamkeit nichts. Es ist auffällig, wie selten ein Rat mit dem Angebot konkreter, kostenpflichtiger Hilfe verbunden wird. Nichts geben die Menschen lieber her als guten Ratschlag, für den sie auch noch Dank erwarten dürfen.

Die unerbetene Hilfestellung vermittelt dem Geber das angenehme Gefühl nobler Überlegenheit und immenser Großzügigkeit. Der Empfänger hingegen muss sich selbst für unwillkommenen Rat bedanken und kommt in die peinliche Lage, den Ratschlag in die Tat umsetzen zu müssen. Er darf den guten Rat nicht still zur Seite legen, denn Ratgeber schauen gerne nach, was aus ihrer Spende geworden ist. Was wiederum den Rat-Empfänger zwingt, seine Säumigkeit zu begründen. Ferner trifft guter Rat selten den rechten Ton, sondern wird häufig in einer Stimmlage vergeben, in der leichter Triumph und Überheblichkeit eine schwer erträgliche Verbindung eingehen.

So gesehen ist guter Rat eine verfeinerte Form des Terrors, dessen man sich kaum erwehren kann. Zudem liegt ihm häufig der »kritische Blick«, eine der bedeutendsten Erfindungen meiner Generation, zugrunde. Dieser Blick betrachtet alles, was ihm unterkommt, von der Warte seines Ahnherrn, Goethes Mephisto: »Nein Herr! Ich find es dort, wie immer, herzlich schlecht.« Ihm entgeht nichts, weder das Arrangement der Bilder an den Wänden noch die neue Hose, weder die alte Brille noch die Farbe der Vorhänge. Alles wird einer Prüfung unterzogen und mit guten Ratschlägen, wie mit Preisschildern beim Discounter, versehen.

Im Alter würden wir gerne auf seine Anwesenheit verzichten. Deswegen hat die GvD ihn, nebst seinem Spießgesellen, dem guten Rat, von ihren Zusammenkünften ausgeschlossen. Unser Leben ist seitdem nicht sicherer geworden, aber gelassener.

Dem Ratschlag eng verwandt ist eine besondere Form der Ursachenforschung, weswegen wir von ihr in der GvD nur zurückhaltend Gebrauch machen. Wir haben zwar meist keine rechte Ahnung, wer wir selbst sind, und wissen schon gar nicht, wie es dazu gekommen ist. Doch wir haben genaue Vorstellungen davon, wie es um den Charakter und das Innenleben anderer bestellt ist. Wir erkennen haarscharf Bindungsunfähigkeiten und deren Ursachen bei anderen. Wir wissen, warum eine Bekannte immer auf die Falschen hereinfällt oder eine andere ständig Pläne schmiedet und keinen davon in die Tat umsetzt. Geiz und seine Ursachen bleiben uns ebenso wenig verborgen wie Organisationshysterie und deren Triebfeder. Auch Gefühlsarmut nebst deren unterschwelligen Beweggründen ist bald unter kritischem Blick zutage gefördert.

Recht besehen, gehören diese Streifzüge durch andere Befindlichkeiten und die freie Forschungsarbeit an fremden Identitäten zum Teegebäck unserer täglichen Kommunikation. Wobei die Abwesenheit der Betroffenen eine wichtige Voraussetzung dieser Form des Gedankenaustauschs ist.

Die Fehler und Schwierigkeiten der Abwesenden sind in jedem Fall besserer Gesprächsstoff als die eigenen. In trautem Kreis und vertieft in das Innenleben der Abwesenden, werden wir zu subtilen Meisterpsychologen und kundigen Pfadfindern im dichten Gestrüpp fremder Leben. Wie beim guten Rat, so muss der Betroffene sogar dankbar sein für die unerbetene Empathie, die häufig mehr Schaden anrichtet als Früchte trägt.

Deswegen, und weil ohnehin nichts mehr zu ändern ist, beschäftigen wir uns mit dem Binnenleben der GvD-Mitglieder nur auf ausdrücklichen Wunsch und stets in Anwesenheit des Betroffenen. Das beraubt uns zwar einer großen Zahl schönster Gesprächsthemen, hat aber zu einer breiten und belastbaren Vertrauensbasis geführt. Zum Ausgleich fallen wir lustvoll und ohne Rücksicht über alle her, die nicht zu uns zählen.

Und schließlich hatte Theo sich auf den Marquis von Posa bezogen: »Sire, geben Sie Gedankenfreiheit!« Seither verstoßen wir vergnügt und ständig gegen die Political Correctness, jenen öden Zauberstab moderner Reformpolitik, bei der statt der Dinge die Begriffe verändert werden. Dadurch hat der »Neger« zwar keinen Cent zusätzlich in der Tasche, aber als »Afroamerikaner« einen vorgeblich unbelasteten Namen. Das ist zugegeben leichteres Tagwerk als die zähe Arbeit an den Umständen. Hierzulande etwa hat man das rassistische »Zigeunerschnitzel« durch ein »Sinti und Roma«-Steak ersetzt und damit vermeintlich alle Vorurteile gegenüber dem fahrenden Volk aus der Welt geschafft. Wie praktisch! In meiner badischen Heimat haben empfindsame Kirchenangestellte den »Groschenmohr« aus den Weihnachtskrippen entfernen lassen. Der hatte dort über viele Jahrhunderte guten Dienst getan und, mittels eines sinnreichen Hebemechanismus, bei jeder Gabe freundlich nickend in einem Bastkörbchen Groschen gesammelt.

In der GvD lassen wir, vorausgesetzt, es sind keine fremden Ohren in der Nähe, unserer Sprache und unseren Vorurteilen freien Lauf. Bei uns dürfte der »Groschenmohr« weiter nicken, wenn wir nur noch einen auftreiben könnten. Natürlich haben wir die sozialwissenschaftlichen Theorien, mit denen die Political Correctness begründet wird, zur Kenntnis genommen. Wir halten sie jedoch für naiv und manipulativ und sind überzeugt, dass sie das Gegenteil von dem bewirken werden, was sie ursprünglich im Sinn hatten. Denn wir wissen jetzt zwar, welche Wörter sich »der mündige Bürger« nicht mehr zu verwenden traut, aber wir wissen nicht mehr, was er denkt.

Wir hingegen erzählen Witze, die kein Vorstandsvorsitzender, geschweige denn ein Politiker, überleben würde. Wir sind voreingenommen, wo sorgfältiges Abwägen geboten wäre. Wir haben keine Zeit mehr, alle Informationen zu sammeln, um seriös urteilen zu können. Also belassen wir es, bevor wir verstummen, beim Vorurteil, und sei es noch so verstiegen.

Die Frauen verhalten sich den Kerlen in der GvD gegenüber wie eine weibliche Saunarunde nach dem dritten Glas Rotkäppchen-Sekt. Wir benutzen Wörter, die längst und erfolgreich aus dem Verkehr gezogen wurden, und erzählen Witze, deren wichtigstes Kriterium ihre Güte ist. Nun wird man einwenden wollen, Witze, die auf Vorurteilen, verbotener Sprache und verschwitzten Vorstellungen beruhen, könnten nicht gut sein. Im Gegenteil: Es sind die besten. Über Witze, die sich im engen Rahmen der

Political Correctness abspielen, kann kein Mensch lachen. Wir hingegen lachen viel und herzlich. Wir sind auf lockere Weise schamlos. Gibt es Grenzen? Selbstredend: den Stolz, die Schwächen und die Würde unserer Mitstreiter. Für diese Form der Grenzziehung bedarf es einer kostbaren menschlichen Eigenschaft: Vertrauen. Das, nebenbei, auch andernorts guten Dienst leisten kann. Deswegen können wir untereinander spielerisch mit den offiziellen Verboten umgehen. Das befreit ungemein! Und schadet niemandem. Ein Sprachgoldwaagenbetreiber allerdings würde reiche Beute bei uns machen. Deswegen muss er draußen bleiben.

Ein wenig haben wir indes doch an der Sprache herumgeschraubt und bemühen uns, die Begriffe »hätte«, »wäre« und »noch« zu vermeiden. Was es mit ihnen auf sich hat, davon später mehr.

Und ein weiteres Wort hat bei uns ausgedient, nämlich der bewährte »Itaker« aus den Fünfzigerjahren, als die ersten italienischen Gastarbeiter über die Alpen kamen. Wir nehmen Rücksicht auf Gesine. Die hatte vor vielen Jahrzehnten eine nähere Bekanntschaft mit einem italienischen Bademeister aus dem adriatischen Badeort Cattolica. Als sie nach einem herrlichen Sommer nach Hause zurückkehrte, trug sie ein Kind unter dem Herzen, das bald einem Chirurgen in Belgien zum Opfer fiel. Die Rechnung beglichen die Eltern, denen damals der Gedanke an einen Enkel italienischer Abstammung unerträglich war. Jetzt im Alter denkt Gesine, die kinderlos geblieben ist, häufiger an jene Tage und das ungeborene Kind. Als K B W von Ferienerlebnissen jenseits der Alpen erzählte und dabei gedankenlos den »Itaker« erwähnte, bat ihn Gesine deshalb, in Zukunft auf das Wort zu verzichten.

Gesine, klein, beweglich und redselig, hatte nach dem Studium mit dem Geld ihrer Eltern einen Buchladen in der Provinz eröffnet. Dort stand sie viele Jahrzehnte hinter einer Biedermeierkommode, die als Ladentisch diente, und verkaufte ihren Kunden leichtgewichtige Literatur, die sie selbst nie gelesen haben würde. Einige wenige Männer kamen und gingen wieder spurlos. Sie wurde Vegetarierin, später Veganerin. Sie gründete die »Wurmpartisanen«, eine Tierschutzgruppe, und ging den Bauern der Umgebung mächtig auf die Nerven. So verstrichen die Jahre, während sie hinter ihrer Kommode scheinbar alterslos, wie der kleine Strauß Strohblumen neben der Kasse, von dem sie sich nicht trennen wollte, verblich. Zuletzt fiel es einem raschen Blick schwer, die beiden voneinander zu unterscheiden.

So wie der »Itaker« bei uns nicht mehr stattfindet, ist die Krebserkrankung von Theo nur dann Gegenstand unserer Beredsamkeiten, wenn er dies ausdrücklich wünscht. Er war, wie viele von uns, als schlampiger Agnostiker durch sein Leben geschlendert. Nun, auf der letzten Strecke, fehlt ihm etwas, und er hat begonnen, sich intensiv mit dem Glauben seiner Jugend, dem barocken Katholizismus seiner süddeutschen Heimat, zu beschäftigen.

»Irgendwas muss ja sein, wenn zweitausend Jahre lang die klügsten Köpfe des Abendlandes an den Heiland geglaubt haben«, versucht er, das Jenseits wieder für sich zu entdecken. Viel Zeit wird ihm nicht bleiben.

Und wir bemühen uns, Jammern und Klagen in Grenzen zu halten. Ursprünglich hatten wir darüber nachgedacht, ganz darauf zu verzichten. Das wäre zwar folgerichtig, aber auf Dauer nicht durchzuhalten gewesen, wie uns bald klar wurde. Denn die Vorboten der Endlichkeit sind unübersehbar geworden. Und sie werden täglich mehr. Damit einhergehen Trauer über erlittene Verluste und die Angst vor zukünftigen. Das führt notwendig zu intensivem Austausch, denn das Leid des Mitmenschen vermag eine ungeahnt beruhigende Wirkung auf das eigene zu haben.

Nichts von dem, was wir bereden, dringt nach draußen. Denn selbstverständlich sind alle anderen Freunde, Bekannten und Verwandten häufig Gegenstand von gnadenlosem, oft giftigem Klatsch, der, recht besehen, keinen geringen Anteil an unseren Gesprächen hat.

Mit dem unbarmherzigen Lästern über Menschen, mit denen wir im alltäglichen Kontakt ganz gut zurechtkommen, hat es seine eigene Bewandtnis. Klatsch hat gemeinhin eine schlechte Presse, und die meisten von uns würden von sich behaupten, dass sie nie oder nur selten klatschen. Das ist Unfug. Alle klatschen, immer, und stets hinter dem Rücken der Betroffenen. Ihre Anwesenheit würde dem Klatsch die Grundlage entziehen und zu ernsthaftem Gespräch führen, dem es dann an jener Schamlosigkeit und Anrüchigkeit fehlen würde, die der Pfeffer in der trüben, aber wohlschmeckenden Suppe des Klatsches sind.

Neunzig Prozent aller Klatschgeschichten beschäftigen sich mit den Misshelligkeiten und dunklen Seiten der Abwesenden. Über deren Sonnenseiten wird allenfalls in nüchterner Redeweise berichtet, über deren Scherereien und Verdrießlichkeiten dagegen im Tonfall von Verschwörern, die bekanntlich in der Lage sind, im Handumdrehen ein kurzfristiges, aber hohes Maß an Gemeinschaftsgefühl zu entwickeln.

Das macht den Klatsch so attraktiv. Die häufige Beschäftigung mit dem Missgeschick anderer ist darüber hinaus ein vorzügliches Mittel, das Selbstwertgefühl, das im Alter ohnehin von allen Seiten bedroht ist, zu stärken. Es wirkt, zwar nicht auf Dauer, aber für den Augenblick, der im Alter ohnehin zunehmend an Gewicht gewinnt. Auch davon später.

Kurz: Der Klatsch ist unser kommunikativer Nachtisch, ohne dessen ausgiebigen Genuss kein Abend vergeht. In diesem Fall machen wir, nebenbei, eine Ausnahme vom Ratschlagverbot und spenden den Abwesenden reichlich davon. Schad' nur, dass sie so selten davon kosten können.

Dermaßen gerüstet mit einer vorzüglichen Hausordnung gehen wir gemeinsam den Dingen entgegen, denen wir zwar nicht ausweichen, aber couragiert begegnen können, eingedenk der Einsicht des wunderbaren Fürsten Kropotkin, dass die »gegenseitige Hilfe« zu den unverzichtbaren Grundbestandteilen der menschlichen Existenz zählt. Ohne sie ist alles nichts.

Zur GvD gehört noch Lore, die nach Art deutscher Frauen mit kurzen, dunkel gefärbten Haaren, die im Nacken hoch ausrasiert sind, alt wird. Eine Frisur, die wir Deutschen ganz für uns haben. Ich darf von mir sagen, in der Welt herumgekommen zu sein, aber diese Haartracht habe ich außerhalb der Landesgrenzen nie wieder angetroffen. Lore ist vor Jahrzehnten bundesweit bekannt geworden, als die Schulleitung ihr untersagte, ein Gedicht von Erich Fried zu interpretieren. Schwierige Gefechtslage in einem Land, das die Meinungsfreiheit erst wieder erlernen musste. Die Sache ging durch die Medien und vor Gericht, das zugunsten von Lore entschied. Diese Erfahrung hatte sie gelehrt, dass ein harter Kopf stets mehr erreicht als eine weiche Birne. Im Alter wurde aus der Einsicht eine Unduldsamkeit, die gelegentlich an die Grenzen des Erträglichen geht, von uns aber als typische Alterszutat erduldet wird.

KBWs Leben ist nicht so verlaufen, wie er sich das vorgestellt hatte. Er wäre gerne Philosoph auf einem Lehrstuhl geworden und wurde stattdessen Volkshochschullehrer am Neckar. In der kleinen süddeutschen Universitätsstadt, in der er seine Berufsjahre hinter sich brachte, zog er auch lange nach dem Studium nachts noch durch die Kneipen. Die jungen Leute am Tresen akzeptierten ihn als belesenen, witzigen Kopf. Er redete radikales Zeug und warf gelegentlich mit Bierflaschen um sich. Nachdem er schließlich in jeder Kneipe Lokalverbot hatte, blieb ihm nichts übrig, als seine Abende in einer unglücklichen Ehe daheim zu verbringen. Einmal bemerkte er nachdenklich: »Familie, Beruf, das Leben – alles misslungen. Aber«, fügte er hinzu, »schön war's trotzdem, ich hätte nichts anders machen wollen.« KBW verdanke ich zahlreiche Einsichten zum Nachdenken über uns.

Bei den unregelmäßigen Treffen in der GvD gibt es zu essen und häufig mehr zu trinken, als uns guttut. Theo, der seine musischen Begabungen einst auf der Ostsee verschwendet hatte, spielt auf seiner Gitarre. Gesine hat selbst gebackenes Brot von der Form und Härte eines Ziegelsteines mitgebracht, das KBW seiner Zähne wegen in warmer Milch einweicht. Wir zünden Kerzen an. Lore bringt Pasten mit, die trotz eindrucksvoller Mengen fremder Zutaten stets nach muffig feuchter Wolle riechen und schmecken. Sie streitet das nicht ab, verweist aber auf den unschätzbaren gesundheitlichen Zugewinn, den ihr Verzehr mit sich bringt.

Anfänglich hatten wir für jede Zusammenkunft ein Thema vorgesehen. Das hat sich aber nicht bewährt und ist unauffällig wieder beiseitegelegt worden. Gelegentlich rauchen wir im Rahmen der gesetzlich zugestandenen Mengen ein Pfeifchen. Die Kinder finden das unmöglich, während sie unsere Vorräte, »um uns vor Schlimmerem« zu bewahren, plündern.

Während der gemeinsamen Abende wird unentwegt geredet. Wir sind tatsächlich von jener »Geschwätzigkeit«, die bereits Aristoteles bei alten Menschen beobachtet hatte.

Wir ergänzen uns naturwüchsig, ohne dass diese Gleichförmigkeit geplant gewesen wäre. Sie ist vermutlich der Einsicht geschuldet, dass uns im Alter die Zeit für neue Bekanntschaften knapp wird. Wir gehorchen der Not, denn jenseits der GvD droht die Vereinsamung, die schlimmste Geißel des Alters.

Wir akzeptieren, wenn auch zuweilen widerwillig und notgedrungen, unsere Differenzen. Wir wissen, dass Entwicklungen, deren Beginn Jahrzehnte zurückliegt, nicht rückgängig gemacht werden können und dass jeder ein Recht auf seine Schrulligkeiten hat – und seien sie noch so wunderlich.

Die Einsicht, dass wir keine Siege mehr erringen werden, außer im nachsichtigen Umgang miteinander, und dass eine Niederlage des anderen den größeren Schaden in einem selbst anrichtet, ist unser Sozialkapital. Wir gehen sorgsam mit ihm um, denn wir ahnen, wie zerbrechlich und stets gefährdet unser kleiner Kreis ist.

Bei jeder Zusammenkunft studieren wir gemeinsam die Todesanzeigen in der örtlichen Presse. Ist der Verblichene hochbetagt gestorben, sind wir beruhigt. »Schau mal, wir haben noch jede Menge Zeit.«

Ist er jünger, haben wir Mitleid. »Der arme Kerl.«

»Betrifft uns aber nicht mehr. Über das Alter sind wir längst hinaus.«

Bei annähernd Gleichaltrigen kriegen wir einen leichten Schrecken, so, als ob wir selbst dran gewesen wären. »Schau, unser Jahrgang!«

»Die Einschläge kommen näher!«

»Den musst du doch gekannt haben?«

»Flüchtig, von einigen Interviews her.«

»Und?«

»Verträglich, Politiker halt. Ich denke, dass er sich kaum an mich erinnert hätte, und jetzt hat er überhaupt keine Erinnerungen mehr.«

Gelegentlich schweigen wir zur fortgeschrittenen Zeit spontan eine halbe Stunde lang. Von draußen unterlegt das entfernte, gleichförmige Hintergrundgeräusch der Großstadt unseren Atem, das Klappern von Besteck auf Tellern, unser Stühlerücken und das Einschenken von Getränken.

Theo hat das Schweigen von einem mehrtägigen Besuch in einem Benediktinerkloster mitgebracht. Im gemeinsamen Schweigen kann, wie beim Lachen, ein unmittelbares, tiefes Gefühl der Verbundenheit entstehen, das einem Vorgriff auf das große Schweigen gleicht, dessen Opfer wir eines Tages sein werden.

Meine Freunde von der GvD haben mich in den zurückliegenden Monaten, während der Arbeit an diesem Buch, mit ausdrücklich erbetenem Rat unterstützt. Sie werden deswegen auf den folgenden Seiten, ihr Einverständnis eingeholt, gelegentlich zu Wort kommen.

Wir seien wie ein »Schwarm Zugvögel, der, von einer verborgenen Kraft getrieben, gemeinsam einem Ziel entgegenfliegt«, hat Lore einmal gesagt.

Wir finden das Bild etwas schief, denn hier fliegt nichts mehr, haben es aber still zur Kenntnis genommen.

DAMALS IST DAS NEUE JETZT

»Die Erinnerung ist das einzige Paradies,
aus dem wir nicht vertrieben werden können.«

JEAN PAUL

Wir haben in der GvD eine »Erinnerungsecke« eingerichtet, nicht im wörtlichen Sinne, sondern als eine besondere Form des Zusammenseins. Gelegentlich, wenn ein Verlangen nach ihr ist, schließen wir sie auf. Anlass kann eine »Reise nach Selbst« sein, bei der wir versuchen herauszufinden, welches die entscheidenden Weichenstellungen in unseren Biografien gewesen waren, wie sie zustande kamen und welchen Anteil wir daran hatten.

Häufig tauschen wir indes ohne Ziel und Absicht Erinnerungen aus, die wir gerade wiederentdeckt haben oder seit Langem mit uns tragen. Wir hören meist schweigend zu und verzichten auf Überlegungen, was sie bewirkt haben mögen. In unserem Alter ist der Versuch sinnlos, die Wunden der Jugend zu heilen. Wir haben genügend mit denen unserer Jahre zu tun.

Wir setzen uns und öffnen in der Regel eine Flasche, das dient der Redseligkeit, dem Medium der geteilten Erinnerungen.

57

Meine erste Erinnerung, die mir bis in alle Details gegenwärtig geblieben ist, war die eines unwiederbringlichen Verlusts. Wir wohnten damals in Frankfurt, wo sich mein Vater vergeblich um die Intendanz an den städtischen Bühnen beworben hatte. Ich war zehn Jahre alt, und seine Krebserkrankung ließ endgültig keine Hoffnung mehr zu. Für die letzten Wochen seines Lebens zog er sich zu seiner Schwester, einer Ärztin, nach München zurück. Mit Beginn der Heuferien bat er mich zu sich, um sich, was ich damals nicht ahnte, zu verabschieden. Wir verbrachten eine Spätsommerwoche miteinander. Schmal war er geworden und ging schwer an einem Stock mit silbernem Knauf. Wir besuchten das Deutsche Museum, lagen auf den Wiesen im Englischen Garten oder saßen dort auf langen Bänken bei Bier und Apfelstrudel. Er erzählte von seiner Schauspielerkarriere und der Zeit als Meldegänger vor Verdun. Für seine Unerschrockenheit wurde ihm damals das Eiserne Kreuz zweiter Klasse verliehen, das mich später unauffällig in den unterschiedlichsten Schubladen begleitet hat, bis es bei einem Umzug für immer verloren ging.

Wir waren uns nie so nahe gewesen wie in diesen Tagen, als wir, zwei Männer gegen den Rest der Welt, langsam unter dem Herbstlaub an der Isar entlangschlenderten. Manchmal schaute er mich lange an, und ich glaubte, Tränen in seinen Augen zu entdecken. Das genierte mich, und ich blickte schnell wieder weg. »Du wirst jetzt auf die Mami aufpassen müssen«, sagte er einmal unvermittelt, ohne dass ich damit etwas anzufangen wusste. Schließlich brachte er mich zum Bahnhof. Wir verstauten das Gepäck in der Ablage über meinem Sitz.

Er ging zurück auf den Bahnsteig, und wir versuchten, uns aus einem der Waggonfenster, die damals noch geöffnet werden konnten, zu unterhalten. Viel verstand ich im Bahnhofslärm nicht.»… stolz sein …«, muss er wohl gesagt haben,»gute Fahrt«, hörte ich und»… Mann in der Familie …!«

Ein heftiger Ruck durchlief den Zug. Mein Vater trat zwei Schritte zurück und verschwand augenblicklich in einer dichten weißen Dampf- und Rauchwolke, die seitlich von der Lokomotive ausgestoßen wurde, bevor sie den Zug in Bewegung setzte.

Diese Wolke, in der mein Vater plötzlich für immer verschwunden war, ist der letzte Eindruck, den ich von ihm habe. Einige Wochen später hat seine Schwester seinem Leiden durch Morphium ein Ende bereitet.

Als Schauspieler hat er zwar in zahlreichen Filmen Bilder hinterlassen, aber die weiße Wolke, die ihn verschluckte, ist meine stärkste Erinnerung an ihn geblieben.

Die GvD-Mitglieder hatten mir schweigend zugehört. KBW gießt nach, schaut fragend in die Runde und will, als die anderen stumm bleiben, wissen, ob jemand Interesse am Auswärtsspiel des 1. FCK hätte. So geht pfleglicher Umgang mit fremden Erinnerungen.

Lore hat einen Onkel, den alten Klaus Alberts, der dem Land als Major in der Bundeswehr diente. Ab und zu bringt sie ihn mit,»damit er unter Leute kommt«, denn nach dem Tod seiner Frau, der ein gutes Jahrzehnt zurückliegt, befürchten wir, dass es einsam um ihn geworden ist. Die Freunde und Bekannten von ehedem seien gegangen, erzählt er, der Briefkasten bleibe leer, und an den letzten

Besuch, den er in seiner Wohnung empfangen habe, könne er sich kaum erinnern: »Jemand vom Sozialamt.« Dennoch ist Klaus nicht allein. Er hat sich in ein Nest aus Erinnerungen zurückgezogen. Dort verbringt er, zusammen mit Hilde, der verstorbenen Frau, seine Tage.

»Sie ist noch bei mir«, erzählt er ernsthaft. »Nach dem Aufstehen blättere ich in den Fotoalben aus unserer gemeinsamen Zeit und hole mir Erinnerungen für den Tag, der vor mir liegt. Ich weiß, es klingt verrückt. Wir sind ständig zusammen. Ich rede mit ihr, sie begleitet mich bei meinen Besorgungen, und die Abende verbringen wir gemeinsam vor dem Fernseher.«

Man kann diese kleine Welt weder sehen noch anfassen, aber für Klaus ist sie ebenso real »wie die Karottensuppe mit Ingwer, die wir gerade löffeln«. Trotzdem hat er keine Schwierigkeiten, den Alltag zu bewältigen. Er geht einkaufen, kocht, hält seine Wohnung sauber und trifft am späten Nachmittag Bekannte aus der Nachbarschaft in einem Stehimbiss um die Ecke.

Ob er einsam sei?

Er verneint.

Glücklich?

»Zufrieden, und«, fügt er nach einer kurzen Pause hinzu, »mehr ist wohl nicht mehr drin.«

Erinnerungen und die Gabe, diese bewusst abrufen zu können, sind ein weiteres Geschenk der Evolution an uns. Sie überführen den zurückliegenden Zugewinn an Erkenntnissen zum allgemeinen Gebrauch in Gegenwart und Zukunft. Andernfalls würden die Errungenschaften der Vergangenheit spurlos im Dunkel der Vorgängerzeit verschwinden.

Ohne das Talent zur Erinnerung gäbe es keine technische, soziale oder künstlerische Entwicklung. Stattdessen wären wir vermutlich heute noch auf dem Stand keulenbewehrter Jäger in den Savannen Ostafrikas. Die Erinnerung ist der göttliche Funke, der aus Lebewesen den Homo sapiens entstehen ließ. Wer die Erinnerung verliert, verliert jene Fähigkeit, die uns über die leibliche Existenz hinaus zum Menschen macht.

Das Vermögen zur Erinnerung ist für uns so selbstverständlich, dass wir uns seiner in der Regel gedankenlos bedienen. Im Alter werden Erinnerungen zu wichtigen Begleitern durch die letzten Jahre, in denen neue Erfahrungen und Eindrücke, mit Ausnahme der körperlichen Spuren, die der Lauf der Zeit unerbittlich hinterlässt, spürbar weniger werden.

Ohne Vergangenheit würde unser Leben unerträglich eintönig, denn sie füllt die Lücken, die der Verlust von Beruf, Beweglichkeit und Ansehen hinterlassen hat. Zu diesem Zwecke beginnen sich unsere Erinnerungen zu häuten. Aus der nüchternen Raupe der Verpflichtung wird ein unbeschwerter Schmetterling der Sorglosigkeit. Das ernste Geschäft zur Kontinuität der Menschheitsgeschichte entwickelt sich unter der Hand zu einem Rummelplatz vergangener Zeiten, auf dem es so bunt und vielfältig, lärmend und heiter wie auf der jährlichen Kirchweih in dem badischen Weindorf meiner Jugend zugeht.

Wir beginnen zunehmend, in der Rückschau zu leben. Die Gegenwart beginnt zwar jeden Tag aufs Neue, ist jedoch meist am späten Morgen abgehandelt. Ohne Erinnerungen würde uns die Zeit lang und bald der Gesprächsstoff ausgehen. Wir müssten verstummen. Die meisten von uns haben gottlob genügend Stoff angehäuft, um weiterhin redselig durch die Zeit zu kommen. Wir schließen täglich unseren Erinnerungsraum auf und bedienen uns an dem, was wir dort, häufig zufällig, vorfinden.

Diese Fundstücke sind ein gewichtiger Teil unserer geistigen und emotionalen Wegzehrung auf der letzten Strecke Wegs. Das Gestern ist noch lange nicht vorbei, im Gegenteil: Im Alter wird es über das Medium der Erinnerung zum Lebensstoff. Vieles ist trivial und verdankt die neuerliche Gewichtigkeit weniger seiner Bedeutung, als vielmehr den unerschöpflichen Kapazitäten unseres Gedächtnisses – vorausgesetzt, es hat die Jahre unbeschädigt überstanden. Erinnerungen machen im Alter einen Großteil unserer täglichen Gespräche und Überlegungen aus. Man wäre mithin gut beraten gewesen, sich rechtzeitig mit tragfähigen Erinnerungen einzudecken und dafür zu sorgen, dass sie in den Untiefen des Gedächtnisses nicht verloren gehen.

Natürlich sind wir auch im Alter weiterhin um frische Eindrücke bemüht. Das erklärt, warum viele meiner Generation, die bislang der Kultur eher abwartend gegenüberstanden, plötzlich und kenntnisfrei Museen besuchen, teure Opernkarten erwerben oder Theater bevölkern. Das ergibt noblen Gesprächsstoff und hat hohes Ansehen. Wer sich dieser Form sozialer Verpflichtungen zu entziehen vermag und seine Zeit lieber im Café um die Ecke bei angeregten Gesprächen über die Bundesligaergebnisse verbringt, ist, nebenbei, dem guten Leben ein schönes Stück nähergekommen. Näher zumindest als diejenigen, die mit schmerzendem Kreuz eine Inszenierung, deren Sinn sie vergeblich mit Allerweltsvokabeln wie »interessant« oder »anregend« zu entschlüsseln suchen, über sich ergehen lassen.

Erinnerungen sind der Schöpfeimer, mit dem die Vergangenheit in die Gegenwart geholt wird, und so vielfältig und bunt wie Laub im Herbstwald. Sie können bedeutungslos oder bedeutsam sein, hintersinnig oder trivial, fremd oder vertraut. Sie können Frieden stiften oder die Ursache von Feindschaften sein, prägnant oder langatmig daherkommen. Wir sind in jedem Augenblick umzingelt von Erinnerungen in unendlichem Formenreichtum, als Anekdote, Erzählung, Witz oder Parabel.

Das stärkste Element unseres Lebens ist allerdings zugleich sein flüchtigstes. Erinnerungen können gut Freund sein und uns Geborgenheit vermitteln oder Furien, die uns peinigen und die Ruhe rauben. Der kommt gut ins Alter, der seinen Frieden mit ihnen gemacht hat und sich mit ihnen sicher fühlen darf.

Nach und nach übernehmen sie unmerklich die Herrschaft über unseren geistigen Alltag. Grob geschätzt, besteht er zu zwanzig Prozent aus neuen Eindrücken und zu dreißig Prozent aus Verrichtungen. Der Rest sind Erinnerungen. Trotz aller Gegenwart, die Zukunft nicht zu vergessen, wird uns die Vergangenheit über das Medium des Rückblicks zur vorherrschenden Zeit.

Ereignisse, die fast vergessen waren, werden emsig hervorgekramt und vergegenwärtigt. Was wir in den Archiven unserer Vergangenheit aufstöbern und zutage fördern, wird entstaubt, auf seine Tauglichkeit für die Gegenwart hin abgeklopft und hergerichtet. Das meiste ist Alltagskram ohne Bedeutung und nur im Kreis von Familie und Bekannten berichtenswert. Bei besonders schönen Fundstücken, vergessenen Heldentaten oder gefährlichen Abenteuern, stellt sich echte Entdeckerfreude ein, verbunden mit sorgfältigen Überlegungen, in welchem Rahmen die Trouvaille präsentiert werden soll.

Diese Bergungsarbeiten werden erst beendet sein, wenn wir die Augen für immer geschlossen haben. Das Außergewöhnliche oder Spektakuläre ist in jedem Leben die seltene Ausnahme. Folglich sind unsere Geschichten häufig von leichter Machart und von jener nüchternen und monotonen Alltäglichkeit, in deren Bahnen ein Dasein gemeinhin verläuft. Der streitsüchtige Nachbar oder der verspätete Zug, ein überraschendes Wiedersehen, ein misslungener Streuselkuchen sowie der glückliche Ausgang einer Bergtour. Alles tausendmal erlebt und ebenso oft erzählt.

Folglich gerät man schnell in Versuchung, die Fundstücke ein wenig herauszuputzen oder die Fantasie ins Spiel zu bringen, selbst wenn die Wahrheit dabei leidet. Alle tun es! Der Vergangenheit ist es gleichgültig. Die Gegenwart schmückt es und macht uns interessanter und attraktiver, zwei Attribute, die im Alter nicht mehr ohne Weiteres vergeben werden.

Wie jede menschliche Tätigkeit, kann die reizvolle Arbeit an den Erinnerungen kundig oder ungeschickt ausgeführt werden.

»Ich sehe einen neuen Beruf vor meinem geistigen

Auge«, meldet sich KBW zu Wort, der bislang schweigend zugehört hatte. »Den Anekdotenpolierer.«

»Coach heißt das heute«, wird er korrigiert.

»Meinetwegen. Das ist doch 'ne Idee.«

»Ich glaube nicht. Die Idee der Anekdote ist ihre Unmittelbarkeit im Gespräch. Wenn man sie einstudiert, verliert sich deren Zauber.«

Gelegentlich wird's klug in der GvD!

»Klingt schlau, tatsächlich aber haben wir jede Geschichte, die wir uns erzählen, schon öfters vorgetragen.«

»Ich bin schon um Originalität bemüht!«

»Wer nicht?«

»Trotzdem, hast du noch nie Geschichten oder Monologe eingeübt und leise vor dich hin gemurmelt, bevor du dich damit an die Öffentlichkeit gewagt hast?«

»Schon.«

»Siehst du! Die erste Wiederholung macht aus ihnen Einakter. Ich würde zu gutem Gebrauch anleiten.«

»Gebührenpflichtig?«

»Versteht sich!«

Schließlich wird das Projekt, wie ungezählte spontane Pläne zuvor, wieder still beiseitegelegt. Der Gang durchs Leben ist gepflastert mit verschwendeten Vorhaben. Das Nachdenken über unsere misslungenen oder unerledigten Projekte ergäbe sicherlich eine eindrucksvolle Liste der verlorenen Liebesmüh.

An die Stelle der großen Pläne von einst ist der kleine Alltag getreten. Unsere verblichenen Vorhaben waren ehedem der Versuch kühner Ausgriffe in eine fernere Zukunft. Daraus sind bedächtige und gewissenhafte Überlegungen zu Besorgungen beim Discounter geworden: die Suche nach dem Jutebeutel und der Brille, um zwischen den Regalen den Einkaufszettel entziffern zu können. Wir dienen dem Augenblick und dessen Herausforderungen. Die Zukunft in der Gegenwart indes, die dem Leben Ziel und Richtung gab, ist uns fast abhandengekommen. Zeitgleich stellt sich das melancholische »Wozu noch?« ein. Wozu noch nach Paris fahren? Wozu noch jenes Buch lesen? Wozu noch im Frühjahr die Herbstzeitlose pflanzen?

Beim Einsatz gut abgehangener Anekdoten drohen den Bemühungen zwei Gefahren: Wiederholungen und Trittbrettfahrer. Erstere gehören zum Alltag wie der Sonnenaufgang und der Schlag der Kirchturmglocken. Alles wiederholt sich ständig und in kurzen Abständen. Der Gang zum Bäcker, die Morgentoilette, das Getrappel der Kinder im Treppenhaus oder die Bahnfahrt zum Arzt. Die Wiederholung hat zwar eine schlechte Presse und scheint quer zum gelungenen Leben zu stehen, doch sie zählt zu unseren besten und verlässlichsten Verbündeten. Sie verleiht uns Zuversicht und Gleichmaß und ist Ursache für Stabilität und Robustheit im Leben.

Im Alter wird die Vielfalt im Alltag geringer. Damit wächst notgedrungen die Zahl der Wiederholungen, die uns jetzt zu ständigen Begleitern werden. Meist nehmen wir sie geduldig hin, beim Austausch von Erinnerungen jedoch ertragen wie sie nur in begrenzter Stückzahl.

Psychologen haben herausgefunden, dass wir durchschnittlich bei der dritten Wiederholung einer Anekdote »aggressiv« reagieren. Vergleichbar dem Gefühl, das entsteht, wenn jemand bestohlen wurde. Die Wiederholung »stiehlt dem Zuhörer Zeit«, erklären die Wissenschaftler die Unduldsamkeit.

Vor allem Männer neigen dazu, dieselben Geschichten öfters zu erzählen, selbst dann, wenn sie sehr wohl wissen, dass sie den Adressaten bekannt sind. Das hat seine Ursachen in der besonderen Qualität vieler männlicher Anekdoten, in denen der Erzähler häufig eine herausragende Rolle spielt: seinem Vorgesetzten unerschrocken die Meinung sagt, kühne Maßnahmen ergreift oder sich selbstlos in Gefahr begibt. Die Themen sind unerschöpflich, der Inhalt ist stets identisch: Der Erzähler rettet die Welt im Kleinen. Diese Geschichten sind häufig gut einstudiert und von überflüssigem Beiwerk befreit. Sie beschränken sich aufs Wesentliche – die Heldentat, und werden routiniert und souverän vorgetragen. Männer eben, die sich schwertun, auf das Oberwasser zu verzichten.

An den Reaktionen der Ehefrau des Erzählers, die seine Geschichten unzählige Male gehört haben muss, lässt sich, nebenbei, recht gut der Zustand einer Beziehung erkennen. Frauen, die sich damit abgefunden haben, den Rest der Tage mit dem Mann an ihrer Seite zu verbringen, werden sich jede Wiederholung geduldig anhören, es an Bewunderung nicht fehlen lassen und ihm helfen, wenn er droht, die Pointe zu verpatzen. Solche Beziehungen sind sicher in der Leidensfähigkeit und Geduld der Gattin aufgehoben. Stöhnt sie jedoch vor versammeltem Publikum: »Nicht schon wieder, du langweilst die Gäste!«, wird es um die gemeinsame Zukunft der beiden schlecht bestellt sein.

Gleichmaß und Einförmigkeit bilden das bekömmliche Schwarzbrot des Alterns. Unsere Lebensenergien sind begrenzt und reichen weder weit noch lange. Man ist klug beraten, sparsam mit ihnen umzugehen und sich einen Platz fernab aller Turbulenzen zu suchen. Von dort aus können wir ungestört beobachten, wehmütig eigene Erinnerungen abrufen und vor allem besorgt kommentieren und kritisieren. Denn mit dem Alter kommt die Besorgnis über den Stand der Dinge, um die es in unseren Augen meist nicht gut bestellt ist. Wohin wir blicken, hätte es das »zu unserer Zeit nicht gegeben«. Werte, Sitten, Umgangsformen – »alles ist im Niedergang. Das kann kein gutes Ende nehmen!«

Um einen Teil jener Welt, in der wir das Leben verbracht haben, ist es tatsächlich geschehen, und vieles ist unwiederbringlich verloren gegangen oder bis zur Unkenntlichkeit verändert. Wir begreifen jedoch häufig nicht, dass hinter unserem Rücken Neues entstanden und an die Stelle unserer Vergangenheit getreten ist. Das Leben erlischt nicht. Es geht in anderer Form weiter.

Mit dem gelegentlich lästigen Dauergeräusch der Nörgelei aus betagtem Munde werden die Jüngeren leben müssen. Soweit ersichtlich, ertragen sie es mit einer lässigen Mischung aus Desinteresse und Nachsicht.

Die zweite Gefahr, die unseren Erinnerungen droht, ist der Trittbrettfahrer, dem eine fremde Erzählung Anlass ist, um eine eigene unterzubringen, die, der Logik der Steigerung folgend, die ursprüngliche in den Schatten stellt. Das ruhige Wochenende auf dem Bodensee weicht dem Sturm im griechischen Meer, das Wortgefecht in einer Bar heftigem Raufhandel und die warmen Sonnentage der unerträglichen Hitzewelle. Recht besehen, wird dem Ersterzähler die Geschichte, die er ursprünglich zum Besten gegeben hatte, gestohlen. Dem liegt jene rücksichtslose Überheblichkeit zugrunde, die während unseres Berufslebens als Durchsetzungskraft und Beharrlichkeit gefragt war. Die Zeiten sind vorbei, und jeder ist gut beraten, die Finger davon zu lassen. Wer sie jedoch weiterhin über die Maßen in Anspruch nimmt, um den kann es einsam werden.

Zur Weisheit des Alters, wenn es sie denn geben sollte, gehört der lässige Verzicht auf ein Verhaltensrepertoire, für das es keinen Anlass mehr gibt. Andernfalls fällt man aus der Zeit ins Unbehauste, wo bekanntlich die Einsamen und Außenseiter daheim sind, zudem findet man dort schwerlich Zuhörer, ohne die auch die besten Erinnerungen nichts taugen.

Schließlich hat die Evolution uns nicht nur die Erinnerung, sondern auch deren Gegenteil geschenkt: das Vergessen. Wir würden sonst an der Informationsmenge verzweifeln, die in jedem Augenblick auf uns eindringt. Ein Blick aus dem Korbstuhl meines Straßencafés erfasst neben Tasse, Milch und Zucker die Autos, die vorbeifahren, Passanten, ihre Kleidung nebst Faltenwurf und Farben. Zudem Radfahrer, unerschrockene Spatzen, Gäste neben mir, das Laub auf der Straße, die Fassaden der Gebäude in ihren unterschiedlichen Formen, Zigarettenstummel auf dem Trottoir und Kinder auf der gegenüberliegenden Straßenseite. Die Details sind von unbegrenzter Vielfalt und vermutlich so zahlreich wie die Atome im Universum.

Das Vergessen kann ein schwer beeinflussbares Eigenleben entwickeln, lästig sein und gelegentlich bedrohlich werden. Auf der anderen Seite vermag es zu entlasten und zu begütigen. Wir sollten es als Geschenk betrachten. Neben dem reinen Vergessen, dem endgültigen Verlust an Eindrücken und Geschehnissen, ist es in der Lage, die Vergangenheit weichzuspülen. Erinnerungen werden nicht mehr in voller Schärfe wahrgenommen, sondern erscheinen, von peinlichen Details befreit, plötzlich in mildem Licht.

»Glücklich ist, wer vergisst, was doch nicht zu ändern ist«, heißt es in der *Fledermaus*.

Unser Gedächtnis wird ohnehin eines Tages alles gelöscht haben. Warum nicht auf dem Weg dorthin mit dem Vergessen beginnen und Feindseligkeiten, Niederlagen oder Fehlentscheidungen, die uns ein Leben lang bedrängt und zugesetzt hatten, in seinen unendlichen Tiefen entsorgen. Es lebt sich leichter und unbeschwerter ohne sie. Die bewusste Vergesslichkeit, die allerdings nur um den Preis der Überwindung zu haben ist, vermag Frieden zu schließen und die unzähligen Wunden zu heilen, die uns die Vergangenheit zugefügt hat.

Akzeptieren wir auch das Vergessen, ebenso wie die Erinnerung, als kluge Gaben der Natur!

TANTE BARBARA UND DER MANN
AM NEBENTISCH

Emile Ratelband, ein neunundsechzigjähriger Niederländer, will vor Gericht durchsetzen, dass er auch offiziell so alt ist, wie er sich fühlt, nämlich fünfundfünfzig. Wir wissen nicht, wie der Prozess ausgehen wird, verfolgen ihn aber intensiv und atemlos, denn die Entscheidung würde tiefe Spuren hinterlassen. Ein Hundertjähriger etwa, der sich nachweisbar wie zwanzig fühlt, könnte von den Sozialkassen die notwendige Unterstützung einklagen, um sein Lebensgefühl in die Tat umzusetzen. Wie kommt man überhaupt in die unkommode Lage, betagt zu sein? Nicht plötzlich, sondern nach und nach und unbemerkt, bis man sich eines Tages aus heiterem Himmel eingestehen muss:»Du bist alt.«Ab dann gibt es kein Zurück mehr.

Die Einsicht tritt meist ohne erkennbare Ursache ein, sie ist selten einem konkreten Anlass, einem Sturz, einer Krankheit oder einem Verlust geschuldet. Das Alter kann heimtückisch sein.»Es kommt hinterrücks in Schüben«, sagen diejenigen, die ihre Erfahrungen gemacht haben. Gelegentlich spürt man eine Steifheit in den Gliedern oder eine zunehmende Neigung,»abends bequem daheim zu bleiben«, wie

Lore zugibt, während draußen das Leben Fahrt aufnimmt. Verbunden ist dieses vage Gefühl mit der Ahnung, dass irgendetwas eines Tages irgendwie »zu Ende sein wird«. Unwillkürlich beginnt die Zeit, schneller zu vergehen. Jeder Vormittag ist im Handumdrehen aufgebraucht. Nur die Phase nach dem »Nickerchen« wird gelegentlich zäh.

Das Nickerchen, nebenbei – eine ehrwürdige Einrichtung aus vorindustriellen Zeiten –, hatte uns der Kapitalismus ausgetrieben. Jetzt kehrt es unauffällig, aber verbindlich, in unser Leben zurück – herrlich! Es ist einer der großen Zugewinne im Alter. Und schon ist wieder ein Tag zu Ende. Doch was tun gegen die Tränensäcke, die endlose Müdigkeit und den unruhigen Gang?

Die Tagträume, für die nun ausgiebig Zeit bleibt, werden zu Opfern der Vergangenheit und zu trüben Kopien zurückliegender Zeiten, denn in der Zukunft, bislang deren Tummelplatz, ist kein Platz mehr für sie. Es geht ohnehin wenig nur noch in Erfüllung, und was sich unerbeten in die Tat umsetzt – Krampfadern, Sinnenschwäche oder Altersflecken –, möchte man nicht haben. Stellt sich aber trotzdem ein.

Man beginnt, sich selbst nicht mehr zu mögen.

Die kleinen Katastrophen nehmen zu. Man stößt sich an der Tischkante, an der man jahrzehntelang unbeschädigt vorbeigekommen war. Jetzt haben wir ihretwegen zahlreiche blaue Flecken auf Hüfthöhe. Kommode, Türrahmen, Stuhllehnen – alles steht im Weg. Die häusliche Umwelt, durch die wir uns einst rasch und traumwandlerisch bewegt haben, wird zum Hindernisparcours, auf dem wir ständig Stangen abwerfen.

Immer öfter fällt zu Boden, was früher sicher abgelegt war. Nähe, Ferne, unten, oben – die Koordinaten des physischen Raumes ordnen sich unseren Sinnen nicht mehr so zu, wie es der Realität entspricht. Es kommt gehäuft zu Missgriffen. Regelmäßig kehrt man Scherben zusammen, wischt Verschüttetes weg oder hebt Heruntergefallenes auf. Statt im Becher, liegt die Zahnbürste daneben, und dem Griff über den Tisch fallen immer wieder Gläser zum Opfer. Die Schritte werden kleiner, die Strecken dafür länger. Man hält häufig inne und schaut sich suchend im eigenen Gedächtnis um: »War was?« Man findet Geld, um es sogleich wieder zu verlegen. Man wird unreinlich. Krümel, Kleckse und Flecken heften sich an unsere Fersen und werden zu beständigen Getreuen. Man hat Schwierigkeiten, den Suppenlöffel zu führen, und tut gut daran, ihn nur noch halb zu füllen. Muss man eben häufiger löffeln!

Hab' ich es recht beobachtet, oder ist es nur mir aufgefallen? Gurkengläser, Thunfischdosen, eingeschweißter Hartkäse oder vakuumverpacktes Grünzeug – von Schraubverschlüssen ganz zu schweigen – widersetzen sich zunehmend meinen Bemühungen, an ihren Inhalt zu gelangen. Sind die Plastikverpackungen von Obst und Kalkstopptabs, Batterien und Duftkerzen zäher und reißfester geworden? Es geschieht immer häufiger, dass ich erfolglos zerre und ziehe, ohne an die Ware zu kommen, bis ich schließlich mithilfe meines rechten Eckzahns, der mir gottlob noch geblieben ist, versuche, in die widerborstige Plastikhülle eine Bresche zu schlagen, wobei ich auch schon unfreiwillig von Klotabs genascht habe. Von den winzigen

Taschen, aus denen ich täglich meine Medikamente fingern muss, nicht zu reden.

Bin ich für die moderne Verpackungskultur zu kraftlos
und ungelenk geworden? Gibt es neue Reiß- und Zerrtechniken, von denen ich nichts gehört habe? Werden die
an der Volkshochschule gelehrt?

KBW behauptet Nein.

Ich weiß es nicht.

Die Heilige Dreifaltigkeit eines erfüllten Lebens – Bewegung, Geselligkeit und täglich ein Glas Rotwein – weicht
im Alter der Gelassenheit, dem Wunsch nach Rückzug,
nebst zwei Gläsern Rotwein, denen sich unweigerlich
noch die »Suche« anschließt. Hat die erst einmal Besitz von
uns ergriffen, wird sie bis zum Ende zur unerbittlichen Begleiterin. Mich treibt sie seither mit kleinen Schritten und
ratlosen Blicken, begleitet von einem milden Wutgefühl,
auf der Fahndung nach Brille, Handy und Kugelschreiber durch die Wohnung. Da kann im Laufe eines Tages
ein tüchtiger Fußmarsch zusammenkommen. Irgendetwas
scheint an meiner Merkfähigkeit verloren gegangen zu
sein. Einst hallte jede Handreichung im Gedächtnis nach.
Man konnte sich erinnern, wo man kürzlich dieses und
jenes abgelegt hatte. Jetzt werden alle routinierten Unternehmungen sogleich spurlos gelöscht. Also setz ich mich in
Trab und mache mich auf die Suche.

»Du musst dir für Schlüssel, Brille und so weiter feste
Plätze suchen«, rät mir KBW.

»Ach ja, Schlaumeier, und wenn ich den vergesse?«

»Weißt du zumindest, wie es um dich bestellt ist.«

Der Verlust der Jetztzeiterinnerung ist nebenbei, ohne auf Einzelheiten einzugehen, ursächlich für unsere Schwierigkeiten im Umgang mit den neuen Kommunikationstechniken. Die Lehreinheit am Computer, ein Knopfdruck, ist zu kurz, um in unserem Gedächtnis noch Platz zu finden.

Ich habe mir schließlich, wie Lore, ein halbes Dutzend billiger Lesebrillen gekauft, in der Hoffnung, dass immer eine sichtbar herumliegen würde, hatte aber das »Fruchtfliegenparadox« nicht berücksichtigt.

Jeder, dem schon einmal ein Apfel in der Obstschale verfault ist, kennt das: Über Tage und Wochen lässt sich keine einzige der winzigen Fliegen blicken. Beim ersten braunen Fleck jedoch sind sie in Regimentsstärke zugegen. Kaum ist der Apfel entsorgt, sind alle wieder verschwunden. Wohin? Wo kamen sie her? Wer hat ihnen von meinem fauligen Apfel berichtet? Haben die einen ständigen Informanten in meiner Küche stationiert? Wir wissen es nicht, wir stellen nur fest, dass wohlfeile Lesebrillen und flüchtige Fruchtfliegen das Paradox gemeinsam haben. Gelegentlich entdecke ich preiswerte Lesebrillen, wohin ich blicke: auf der Kommode, dem Bücherschrank, in der Küche, dem Bad, draußen auf dem Balkon. Dann wieder bleibt auch intensive Suche nach ihnen so lange ohne Erfolg, bis sie sich entschlossen haben, gemeinsam erneut aufzutreten: Fruchtfliegenparadox eben. Eng verwandt nebenbei mit den Herrensockenkapriolen, denen zufolge man fünf Paar dunkle Socken erhält plus einer roten, wenn man seine Waschmaschine mit sechs Paar identischen, schwarzen füttert. Wo ist die letzte geblieben? Woher die Vielfalt? Wir wissen es nicht.

Das sind Vorboten des Unheils. Noch aber befinden wir uns im Trainingslager für die Ernstfälle, die nicht ausbleiben werden. Sachen gehen verloren. Recht eigentlich verschwinden sie spurlos aus meinem Leben. Schirmkappen etwa, die ich jetzt, je nach Witterung, gegen die Sonne oder den kalten Luftzug trage. Ebenso verabschieden sich die leichten Cashmerepullover, die ich, einem Verständnis von Lässigkeit folgend, mit einer weit ausholenden Bewegung elegant über die Schulter werfe, um die beiden Ärmel anschließend mit einem lockeren Halbknoten vor der Brust zu fixieren. Ich kann meine weite Badehose, in der ich mich wie in einem Whirlpool bewegte, meine brüchigen Turnschuhe und meine graue Lieblingshose, die mir seit Urzeiten zur Seite gestanden und manche Schramme mitbekommen hat, nicht mehr finden. Letzteres sehr zur Freude meiner Frau. Als ich das gute Stück zuletzt trug, hatte ich es mittels einer fingerdicken Kordel statt eines Gürtels auf Hüfthöhe festgezurrt. Fand ich, freilich als Einziger, schick und außergewöhnlich.

»Ich bin doch nicht halb nackt nach Hause gekommen!«

Sie bleibt verschwunden.

Zuweilen habe ich den Verdacht, hinter meinem Rücken werden Hosen, Schuhe, Unterwäsche, Bücher und anderes entsorgt, in der Hoffnung, dass ich ihren Verlust meiner Vergesslichkeit zuschreibe. Ich habe zwar noch keine Beweise, werde aber wachsam bleiben.

Da wir selten in der Lage sind, die Herkunft der Einsicht, dass wir alt geworden sind, eindeutig zu bestimmen, können wir sie auch nicht dorthin zurückschicken, wo sie hergekommen ist. Sie bleibt und ist nicht mehr ins Vergessen zu entsorgen. Kurzfristig kann zwar die Verdrängung – vorausgesetzt, man hat sie nicht dem Aufklärungsfuror der Achtundsechziger geopfert – ihrer Herr werden, aber auf Dauer ist kein Entrinnen mehr.

Der alte Heinrich Heiland, der zeit seines Lebens am Rande der Schwäbischen Alb in Polizeidiensten gestanden hatte und schließlich als Kommissar in Rente gegangen war, hat mir während eines Vespers mit frischer Landleberwurst erklärt: »Es ist die Plötzlichkeit, mit der dich das Alter an irgendeinem frühen Morgen wachrüttelt. Du machst die Augen auf, und mit einem Schlag bist du alt. Dabei hast du dich selber die ganze Zeit noch jung gefühlt.«

Zu Beginn sträuben wir uns gegen diese Erkenntnis, obwohl sie uns von einem Moment auf den anderen von unzähligen Vorbehalten und falschen Hoffnungen befreit und die große Leichtigkeit nüchterner Entscheidungen nach sich zieht. Wir sind über Nacht realitätstauglich geworden. Und mit dieser Realität ist nicht zu spaßen. Wer sich ihr verweigert, wird nach kurzer Zeit unsanft auf den Boden der Tatsachen zurückbefohlen.

Man wacht wie aus tiefem Schlaf in fremder Umgebung auf und beginnt, tastend und taumelnd, sich zurechtzufinden. Das »Bewusstsein vom Alter« wird uns von nun an zum ständigen Weggefährten. Gelegentlich tritt es in den Hintergrund und hält sich zurück. Für seltene Momente euphorischer Begeisterung oder intimer Zurückgezogenheit verschwindet es und entlässt uns in jene Zeit, als das Alter fernlag und kein Thema war. Aber es besteht keine Chance, die Erfahrung des Vergehens wie den Geist aus der Flasche in das Gefäß des Vergessens zurückzubringen. Der Versuch, sie zu tilgen, wäre ohnedies eine schlechte Idee, denn ihre Präsenz ist die Voraussetzung für die wichtigste geistige und emotionale Herausforderung des Alterns: die nämlich, sein »unabänderliches Schicksal, ohne zu verzweifeln, sondern in der Form leichter Resignation anzunehmen«.

Jetzt wird es ernst. Im Alter radikalisiert sich das Leben auf unerhörte Weise. Eine ganze Reihe von Erfahrungen und Einsichten drängen sich energisch in den Vordergrund und müssen nach und nach zur Kenntnis genommen und in das eigene Leben eingefügt werden. Dazu gehört die Endlichkeit mit ihrem Begleitpersonal – Unwiederbringlichkeit und Unumkehrbarkeit – ebenso wie eine völlig neue Qualität unserer Zukunft. Einst erschien sie uns endlos und unbestimmt. Jetzt ist sie endlich, und ihr Ziel eindeutig vorgegeben. Das sind tüchtige Brocken, deren sprachliche Ausdrucksformen bereits bedrohlich wirken, ganz zu schweigen von ihren realen Zumutungen. Wir werden uns bis in die letzten Stunden an ihnen abarbeiten müssen.

Eine erste Ahnung, wohin die Reise gehen würde, erhielt ich, als mir das unscheinbare Wörtchen »noch« begann, ständig in die Quere zu kommen. »Joggen habe ich aufgegeben, Walking geht noch.« – »Schnürsenkel fahren mir ins Kreuz, Klettverschluss geht noch.« – »Die alten Henkelkoffer mit den bunten, internationalen Aufklebern musste ich leider entsorgen, Rollkoffer gehen noch.« Das unauffällige, gleichwohl schwergewichtige Adverb kommt zwar einsilbig daher, bezeichnet aber jedes Mal vieldeutig den Verlust von Aktivitäten, die mir, einst zugänglich, in Zukunft verschlossen bleiben werden.

Die naheliegende Strategie, das Wort – und damit die Sache selbst – zu entsorgen, wird auch auf kurze Dauer nur wenig Erfolg haben können, sondern mehr Schaden anrichten als Gutes bewirken.

Dann entdeckte ich, dass ich ohne erkennbaren Anlass begann, am oberen Treppenabsatz das Geländer zu suchen und zu fassen, bevor ich den ersten Schritt in die Tiefe wagte. Seither bin ich keine Stufe ohne die absichernde Begleitung des Geländers mehr gegangen.

Schließlich musste ich schmerzhaft zur Kenntnis nehmen, dass ich beim Hosenanziehen, während jenes kurzen Augenblicks, in dem man auf einem Bein balancierend das andere Hosenbein sucht, mein Gleichgewicht nicht mehr halten konnte. Seither streife ich mir die Hose im Sitzen auf der Bettkante über.

Geht auch!

Überdies begann ich, eine unerwartete Sensibilität für andere Alte zu entwickeln, und entdeckte überall die tiefen Spuren eines Massenschicksals: unsicherer Gang, vorsichtiges Aufsetzen der Füße, ratloses Innehalten und der unauffällige Griff nach Stabilität. Meine Erfahrungen mit einer schmalen, tiefen Sitzbadewanne in einem Schweizer Hotel behalte ich indes besser für mich.

Irgendwann begannen wohlerzogene Halbwüchsige, die zum Glück in der Minderheit sind, mir ab und an ihren Platz in der Straßenbahn anzubieten. Zuerst habe ich mit leicht beleidigtem Unterton abgelehnt, später in neutralem Dank die freundliche Geste zurückgewiesen. Heute setze ich mich erleichtert.

Wenn mir gelegentlich niederträchtig zumute ist, biete

ich meinen Platz einem von uns an. Das erschüttert derb und führt zu intensivem Gedankenaustausch.

»Sie? Mir?«

»Warum nicht?«

»Sie sind doch auch …«

»Was?«

»Ach, nichts.«

»Wollen Sie nun den Platz?«

»Ich stehe lieber.«

»Ehrlich, mir macht's nichts aus.«

»Ich kenne Sie doch gar nicht. Was wollen Sie eigentlich von mir?«

»Ihnen den Platz anbieten.«

»Nee, da steh ich doch lieber.«

Dann wird es Zeit, die Augen niederzuschlagen und die Sache auf sich beruhen zu lassen, in dem guten Gefühl, mit geringem Aufwand viel bewirkt zu haben.

Trotz ihrer unaufhörlichen Gegenwart gibt es bewährte Mittel, sich die Einsicht von der Vergänglichkeit nebst ihren lästigen Begleiterscheinungen eine Zeit lang vom Leib zu halten.

Ich bitte KBW, der eine einklassige Volksschule auf dem Land besucht hat und deswegen noch die Sütterlinschrift zu lesen in der Lage ist, einen Brief meiner Tante zu entziffern. Es ist eine kurze Weihnachtsnotiz, in der sie ein gesegnetes Fest wünscht.

Tante Barbara, eine verwitwete Generalsgattin, die im Geld schwamm, verbrachte ihre letzten Jahre im dritten Stock hinter einer Gründerzeitfassade im Frankfurter

Westend. Eigentlich hieß sie Bärbel, aber sie mochte den Namen nicht. »Ich weiß nicht, was Mutter – Vater hatte ja nichts zu sagen – sich dabei gedacht hat.« Deswegen bestand sie darauf,»Tante Barbara« genannt zu werden, was wir gerne taten.

Sie hatte vor den Fenstern der hohen, stuckverzierten Räume italienische Brokatvorhänge anbringen lassen, die dem Tageslicht jeden Zutritt verwehrten. Dort lebte sie in ständiger Dämmerung und schwirrte, verstrickt in rätselhaftem Tun wie ein Sperling auf Futtersuche, mit kleinen Schritten emsig durch die Wohnung. Kurz – sie war ziemlich aus der Zeit gefallen, die ihr deswegen auch nichts anhaben konnte. Tante Barbaras Haut blieb makellos wie unberührter Schnee. Während ihre zahlreiche Verwandtschaft Krankheiten und den Jahren zum Opfer fiel, alterte sie einfach nicht.

Natürlich brauchte es für dieses Leben eine treue Seele, in Tante Barbaras Fall»Mon Bijou«, die eigentlich Marta hieß und aus dem Osten kam, wie sich das gehörte. Meine Tante hatte ihr nicht ohne Hintergedanken den edlen Namen geschenkt:»Kostet nichts und macht sie zufrieden.« Marta sorgte sich für geringes Geld um Sauberkeit, Einkauf und Nahrung und leistete gewisse Handreichungen im Bad.

Das Lieblingsargument der auf ihre Weise hinreißenden Tante war »papperlapapp«, eine Diskurswaffe, die sie überaus wirkungsvoll einzusetzen verstand. An ihr und der Überzeugung:»Alt werden ist für kleine Leute«, scheiterten sowohl die Jahre, die trotz alledem vergingen, wie auch unsere Bemühungen, die Tante in einem Altersruhesitz für Damen aus betuchten Kreisen unterzubringen.

»Was soll ich dort unter meinesgleichen? Langweilen kann ich mich allein, kommt zudem günstiger.«

Solch tiefe Einsichten können auch gute Argumente schwerlich widerlegen.

Als sie schließlich von uns gegangen war und wir Abschied nahmen, lag sie vor uns, alterslos wie ein Rheinkiesel.

»Ob sie wohl glücklich war?«, fragte Bernd, mein Vetter zweiten Grades, der die lange Reise von Berlin auf sich genommen hatte, in der Hoffnung, einen Biedermeierrahmen oder ein wenig Meißen abzustauben.

»Ich denke nicht. Sie hatte Glück nicht nötig. Glück gehört zum Leben, und von dem hatte sie sich vor vielen Jahren verabschiedet.«

»Und vom Altwerden.«

»Eindeutig!«

Der tiefere Sinn ihrer kleinen, verschlossenen Kunstwelt, erklärte mir später ein befreundeter Sozialwissenschaftler, der über Stigmatisierung gearbeitet hatte, war die kluge Einsicht, dass ihr die Umwelt außer unguten Botschaften nichts mehr zu bieten hatte. Also brach sie den Kontakt mit ihr ab und zog sich von einer Bühne zurück, die sie ohnedies eines Tages verlassen musste. Damit vermochte sie zu kontrollieren, was an betrüblichen Nachrichten und Zumutungen aller Art auf sie zukommen würde.

Sie sei in ein »Altenheim ohne Alte« gezogen, weil sie das Elend anderer, das unvermeidlich auch ihr eigenes geworden wäre, nicht ertragen wollte. Sie hat den Schutz, den jeder in ihrer Situation sucht, nicht bei der AWO, sondern ganz bei sich selbst gefunden und leise die Tür hinter ihrem Leben zugezogen. Sie hatte keine Lust mehr auf verlogene Komplimente von netten Menschen.

»Nett sind wir alle, nett reicht nicht«, war sie überzeugt und erwehrte sich damit aller freundlich gemeinten Versuche, sich ihr zu nähern.

Denn sie kommen unerbittlich mit dem Alter: Menschen, die es gut meinen und in allerbester Absicht Komplimente machen – »Man sieht dir die Jahre wirklich nicht an!« oder: »Du darfst dich glücklich schätzen, in deinem Alter noch selbstständig bis ins Parterre zu klettern.« Wahlweise heißt es gerne: »Ich finde deine Betriebsamkeit bewundernswert« oder: »Toll, wie du noch mit Jüngeren mithalten kannst.« Komplimente zählen zum Inventar des Alters wie Falten und Gebiss und bilden dessen schreckliche, unvermeidliche Begleiterscheinung. Sie sind ebenso verlogen wie wohlfeil, und man muss sich bei guter Miene noch dafür bedanken.

Komplimente, so »nett« sie gemeint sein mögen, wirken auf alte Menschen, recht besehen, wie gedankenlose Attacken. Der verdächtige Beifall lobt ein Aussehen, eine Befähigung oder ein Talent, auf das man im Durchschnitt gesehen kein Anrecht hat. Es erinnert den Adressaten des Kompliments unsanft daran, dass er ein wenig vor der Zeit lebt, die ihn zweifellos bald eingeholt haben wird. Alterskomplimente weisen, und seien sie noch so liebenswürdig formuliert, unweigerlich auf zukünftige Verluste hin.

Das erklärt die unauffällig abweisende Geste, mit der wir häufig auf gut gemeinte Schmeicheleien reagieren. Am liebsten würden wir dem sympathischen Schönredner ein unmissverständliches »Du nervst!« entgegnen. Aber sein ehrliches, wenngleich naives Bemühen, gemeinsam mit der Furcht, die Zuneigung unserer Freunde und Bekannten aufs Spiel zu setzen, lässt uns jedes Mal freundlich mit leicht schiefem Lächeln »contre cœur« reagieren. Meist sind es Kleinigkeiten: ein Stück glatter Haut, ein paar Haare mehr auf dem Kopf, eine flotte Gangart oder Erinnerungen aus einer versunkenen Zeit, die in guter Absicht hervorgehoben werden, zugleich aber bezeugen, wie wenig man von uns noch erwartet. Wir wollen jedoch, dass man von uns etwas »erwartet«, selbst wenn es über unsere Kräfte gehen sollte. Wir leben ständig in gegenseitigen Erwartungen. In der Höhe der Erwartungen zeigt sich auch die Wertschätzung, die einem Menschen entgegengebracht wird. Wer erwartungsfrei gestellt wurde, lebt nur noch am Rand seiner Gemeinschaft.

In jüngster Vergangenheit ist ein elegantes Gefühlsexperiment in Mode gekommen, mit dessen Hilfe man bemüht ist, sich der Einsicht ins Alter zu erwehren.

»Ich fühle mich wie sechzig«, erklärte mir kürzlich ein vor dem Krieg Geborener allen Ernstes. Ich hätte gerne gewusst, wie der sich denn so anfühlt, fürchtete aber um die entspannte Stimmung in dem kleinen Kreis bei kurz angebratenem Thunfisch im Sesammantel.

Der Achtziger wusste offensichtlich genau, wie einem Sechzigjährigen zumute ist, und so fühlte er sich auch. Wenngleich er meine freundliche, halblaut vorgetragene Frage, wie man sich im Einzelnen so fühle im Spagat zwischen achtzig und sechzig, überhörte und unbeantwortet ließ.

Mir bleibt diese zeitgenössische, raffinierte Technik, den Jahren ein Schnippchen zu schlagen, verschlossen. Ich weiß schon nicht, wie ich selbst mich fühle, geschweige denn ein Fünfzigjähriger. Zudem zählt die jugendliche Gefühlslage wenig bei denen, die wirklich jung sind. Im Gegenteil: Jugendliche Greise, die allerlei Dinge tun, die man von ihnen nicht mehr erwartet hätte, seien »megapeinlich«, hat mir die halbwüchsige Tochter einer Freundin kürzlich versichert.

Ich beneide jedoch den Mann am Nebentisch. Er gehört zur Gattung des bis ins hohe Alter unverbrauchten jungen Mannes und erklärt locker seiner Begleitung, er fühle sich »zwanzig Jahre jünger«.

Sein Selbstbewusstsein bezieht er aus einer Einsicht der Lyrikerin Sarah Kirsch: »Man wird innerlich nicht so schnell alt, wie man in Wirklichkeit alt wird.« Soll heißen: Die Gedanken bleiben frisch, während die Haut beginnt, Falten zu werfen und fleckig zu werden. Kirsch wiederum bezieht sich auf Oscar Wilde, der im *Bildnis des Dorian Gray* überlegt:»Die Tragödie des Alters beruht nicht darin, dass man alt, sondern dass man jung ist.«

Man darf mit den »alten Jungen« also nicht zu hart ins Gericht gehen. Denn tatsächlich gehen Geist und Körper eine Weile getrennte Wege. Während Letzterer unter die Räder kommt, halten sich im Bewusstsein weit über die Zeit Erinnerungen vergangener Talente und Ansprüche, die weiterhin zur Tat drängen. Es trennt sich, was lange Jahre gemeinsam vorangegangen war. Bis die beiden Entwicklungen wieder zur Deckung gelangt sind, dauert es seine Zeit, während der wir uns jünger fühlen, als es unserem Leib entspricht.

Gerne würde ich den Zeitrebellen am Nebentisch fragen, wie es sich anfühlt, mit siebzig ein Fünfzigjähriger zu sein, der sich wiederum als Dreißigjähriger versteht. Aber ich trau mich nicht. Ich meine, auch im Blick der Begleiterin kurz jenen Ausdruck der Herablassung zu entdecken, der besser als alle Worte bezeugt, was es mit dieser Form der Jugendlichkeit auf sich hat.

»70 ist das neue 50«, verspricht ein Wochenmagazin. Die betagten Fünfzigjährigen wollen begreiflicherweise ein Leben wie ihresgleichen führen. Andernfalls wäre die gedankliche Rückbindung an eine Vergangenheit, die auf einmal Gegenwart sein soll, sinnlos. Folglich stürzen sie sich in die Abenteuer ihrer ideellen Alterskohorte und vergessen, dass Gefühle und Sehnsüchte selten in der Lage sind, stramme Waden, ein sicheres Auge und erfahrene Urteilskraft zu ersetzen.

So viel Anfang wie heute war unter Siebzigjährigen jedenfalls noch nie. Sie machen ständig junge Sachen: Gewaltmärsche, Bungeespringen, Streckenschwimmen oder Abenteuerreisen auf schweren Krädern unter den steißfettfreien Hintern. Natürlich ist es ungewohnt, unter den Motorradhelmen statt jugendlicher Helden zerknitterte Gesichter und schüttere, weiße Haarsträhnen zu entdecken oder einen Bungeespringer auf dem Domplatz von Erfurt zu verfolgen, der von vier Händen in einen Rollstuhl gehoben wird.

Ein rüstiger Rentner im T-Shirt, der auf der Tanzfläche im Berliner Techno-Club »Berghain« mit weit ausholenden Bewegungen seine Lebensfreude feiert, tut nichts Verbotenes, selbst wenn er das Hemd irgendwann auszieht und es wild nach dem Rhythmus der Bässe über seinem Kopf kreisen lässt. Sein eigentlicher Verdienst besteht ohnehin darin, an den strengen Türhütern vorbei so weit vorgedrungen zu sein. Aber er stört die genormte Körperästhetik der anderen Gäste, worauf auch eine liberale Jugend empfindlich reagiert. Ein Gast, der es wagt, seinen unansehnlichen Körper auszustellen, erinnert auf verstörende Weise an die Zerbrechlichkeit eines jeden von uns.

Die unerwartete Regsamkeit der Alten hat unverzüglich die üblichen Gegenwartsdeuter aus ihren Studierstuben gelockt. Die Ausflüge in die wilden Gefilde der Altersanarchie seien der Versuch, für kurze Zeit »Elemente einer versunkenen Lebensepoche zurückzugewinnen«, meinen sie erkannt zu haben. Sie hätten sich ihre Mühen sparen können, wir tun es aus einem einzigen Grund: »Weil wir es können!«

Schwerer wiegt schon der beunruhigende Verdacht, Pensionäre, die sich an Fallschirmen aus Flugzeugen stürzen oder auf Hundeschlitten das winterliche Norwegen erkunden, hätten eine der wichtigsten Lektionen, die das Alter lehrt, noch nicht verinnerlicht: den »Verzicht«, der für jeden zum unvermeidlichen Leitmotiv der späten Jahre wird.

Nur wer den Verzicht als anhänglichen, wenn auch lästigen Begleiter anerkennt, gewinnt jene Geruhsamkeit und Gelassenheit, mit deren Hilfe das Altern erträglich werden kann. Wer bewusst verzichtet, akzeptiert, dass die Jahre gelegentlich wie eine Schar von Dieben in das eigene Leben eindringen und beiseiteschaffen, was nicht niet- und nagelfest ist: Sinne, Beweglichkeit, Gedächtnis und Kraft. Von der äußeren Erscheinung ganz zu schweigen.

Der Verzicht ist eines der größten Geheimnisse des Alterns. Wer seine Unausweichlichkeit nicht verstanden und seinem Alltag beigefügt hat, wird an den Verlusten verzweifeln und beunruhigt und ängstlich auf den nächsten Augenblick und seine Zumutungen, die er ohnehin nicht verhindern kann, warten. Klug handelt dagegen, wer sich damit abfindet, dass sein Gedächtnis lückenhaft wird, die Sinne schwächer und die Kräfte matt.

Freilich – der Verzicht stand bislang selten auf dem Lehrplan meiner Generation. Jetzt, wo er Teil der Tagesordnung wird, fällt er vielen von uns schwer. Es hilft nichts! Gemeinsam mit dem Loslassen und dem Sichabfinden bildet der Verzicht die Säulen einer erträglichen Lebensführung im Alter.

Es geht nicht darum, fröhlichen Alten den Spaß zu verderben und sie zurück ins Glied altersgerechter Vergnügungen zu befehlen. Es geht um die Einsicht, dass durchlebt werden muss, was die Natur vorgibt, und dass alles, was aus Einsicht durchgestanden wird, leichter zu ertragen sein wird.

Der harmlose Versuch, mittels Kopfarbeit die Jahre auf Abstand zu halten, verbunden mit der Hoffnung, dass dem Gefühl auch der Augenschein entspricht, wird tatkräftig unterstützt durch eine Kosmetik- und Präparateindustrie, die ebenso kostspielig wie vergeblich den Rückbau in frühere Dekaden verspricht.

Was kann man durch diese Form der vorläufig geistigen Anpassung nebst den realen Retuschen gewinnen? Zeit und Hoffnung.

Die Sache ist grundsätzlich hoffnungslos, versteht sich. Aber es liegt in der Natur der Hoffnung, über Schwierigkeiten, und seien sie noch so groß, hinwegsehen zu können. Sie steht zwar auf Kriegsfuß mit der Realität, zählt gleichwohl zu den wirkungsvollsten Kräften, die der Mensch abzurufen vermag. Nicht unähnlich dem Glauben, ist auch sie in der Lage,»Berge zu versetzen«. Alle großen Unternehmungen und Errungenschaften trugen ursprünglich den Keim der Hoffnung in sich, ohne den sie nie das Licht der Welt erblickt hätten.

Psychologisch gesehen ist die Hoffnung eine überaus komplexe Gefühlslage, die sich aus unterschiedlichen emotionalen und kognitiven Komponenten zusammensetzt: Neben anderen gehören dazu die Verdrängung – jene Gottesgabe, der meiner Generation so übel mitgespielt hat –, der Optimismus als Vertrauen in das Unvorhersehbare und die Vernachlässigung vorangegangener Erfahrungen. Unser Leben ist auf Risiko gestellt und nicht auf Sicherheit. Zwischen beiden vermag die Hoffnung, wenn auch selten auf Dauer, zu vermitteln.

Das Gegenteil von Hoffnung ist das Wissen. Ein Wissender hofft nicht, denn er weiß um die Chancen in schwieriger Lage. Er kann aus der Hoffnung selten Energie schöpfen und konzentriert sich deswegen auf die realen Bedingungen einer bedrohlichen Situation.

Die große Zeit der Hoffnung begann nach der Zeitenwende. Das Christentum erkannte ihre fast grenzenlose Energie und machte sie in zweifacher Form zur Grundlage seiner Erzählung – als Hoffnung auf ein Leben im Jenseits und als Hoffnung im Gebet, von dem Teresa von Ávila später sagen wird: »Es werden mehr Tränen über erhörte Gebete vergossen als über nicht erhörte«, was die ungeheure Kraft der christlichen Hoffnung bei tiefem Glauben bezeugt. Obwohl sie selten hielt, was sie versprach, blieb sie im Bewusstsein der Gläubigen jahrtausendelang ein verbindliches Versprechen und bildete das Kraftwerk im Innersten des Christentums.

Die christliche Hoffnung hat lange guten Dienst getan, nun aber ist sie bis auf Reste aufgebraucht und dem Ansturm des Wissens erlegen. Agnostiker, und damit die Mehrheit, werden sie nicht vermissen. Doch mit der christlichen ist die Hoffnung als menschliches Betriebsmittel schwächer geworden und führt nun ein Dasein wie ehedem, bevor das Christentum sich ihrer bemächtigte.

Beim Nachdenken über das Alter und die eigene Zukunft begreift man nebenbei, welch ungeheurer Schatz an Entlastung, Zuversicht und Geborgenheit, vermittelt durch Glaube, Tradition und Überlieferungen, mit Beginn der Aufklärung entsorgt wurde, ohne dass irgendetwas an seine Stelle getreten wäre. Im Gegenteil: Vor unseren Augen werden gerade die letzten Reste beiseitegeschafft.

Die Fähigkeit zur Hoffnung und das Bedürfnis zu hoffen gehören jedoch weiterhin zur menschlichen Grundausstattung. Sie erwärmt den Augenblick und erleichtert das Überleben in schwierigen Zeiten, selbst wenn sie sich nicht erfüllt. Ist eine Sache hoffnungslos, hilft nur noch Hoffnung. Wissen dagegen bringt selten Erleichterung, sondern bestätigt nur die Aussichtslosigkeit.

Der Verlust christlicher Hoffnung war mehr als der »Verzicht« auf überholte Vorstellungen, die aufgeklärter Prüfung nicht standhielten. Die Aussicht auf ein Leben jenseits des Todes und Gehör im Gebet waren Grundlage für das kostbare Gefühl der Geborgenheit, das uns verloren gegangen ist. Das sind bedeutende Verluste an ursprünglichen Bestandteilen der Conditio humana. Sie entstammen jenen Schichten unseres Daseins, die wir zwar beschreiben können, die aber einem wissenschaftlichen Zugriff, dem es auf eindeutige Kausalitäten ankommt, kaum zugänglich sind. Die Welt und unser Dasein verlieren an Sicherheit und Zufluchtsorten.

Das Alter wird klarer und härter.

Wer sich als Siebzigjähriger zwei Dekaden jünger fühlt, entsorgt womöglich eines Tages elegant eine Begleiterin, die sich ihm unauffällig zugesellt hatte, aber mit fortschreitenden Jahren immer zudringlicher wird: die Zeit beziehungsweise das Bewusstsein von ihr. Er dreht sie in seiner Jahrgangsfantasie einfach zurück, obgleich sie real zu den großen Unerbittlichkeiten des Lebens gehört.

Über die Dekaden war die Zeit, so diskret wie die Luft zum Atmen, ständig an unserer Seite gewesen. Nur gelegentlich und zu besonderen Anlässen wie Geburts- oder Jahrestagen, Festen und bedeutenden Ereignissen, meldete sie sich kurz zu Wort. »Schon wieder ein Jahr rum. Wie die Zeit vergeht!«, hieß es dann im Ton leichter Besorgnis, die rasch verging. Die Zeit ihrerseits trat zurück ins Glied und schloss sich abermals unauffällig dem Gang der Dinge an.

Im Alter jedoch gewinnt die Zeit mit der Einsicht, dass sie endlich ist, bedrohlich an Kontur. Die diskrete Begleiterin verwandelt sich in eine lästige Weggefährtin, die uns bis zum letzten Augenblick nicht mehr verlassen wird. Bislang war sie zurückhaltend und reserviert, wie ein Butler in englischen Romanen, gegenwärtig gewesen, denn ein Leben ohne Zeit oder eine ereignislose Zeit können wir uns, ebenso wie den eigenen Tod, nicht vorstellen. Ereignis und Zeit gehören untrennbar zur selben Dimension. Die eine ist ohne die andere nicht zu haben. Irgendetwas geschieht in jedem Leben immer, und sei es nur das träge Ticken der alten Wanduhr im Flur.

Mit dem zunehmenden Bewusstsein, dass es mit der Zeit zu Ende geht, ergreift die »Furie des Verschwindens« als Furcht vor der Endlichkeit Besitz von uns. Gleichzeitig macht sie uns bewusst, welch kostbares Privileg es ist, hier gewesen zu sein. Wir sind als Geschöpfe des Zufalls ohne erkennbaren Grund auf der Welt.

Erst die Einsicht in die Endlichkeit, so lästig sie sein mag, macht uns das Leben wertvoll und lebenswert. Hätten wir, wie alle anderen Lebewesen, keinen Begriff von ihr, bliebe uns die Einmaligkeit unseres Daseins verschlossen. Die Lust an ihm ist nur um den Preis seiner Vergänglichkeit zu haben, zum Genuss gehört wesentlich das Verfallsdatum. Endlos wäre das Leben von unerträglicher Langeweile. Aus der Erkenntnis der Zeitlichkeit sind alle Religionen – von primitiven Stammesriten über die ägyptischen Götter bis hin zu den monotheistischen Weltreligionen – entstanden, was bezeugt, welch ungeheure Kräfte die Vergänglichkeit neben der Hoffnung freizulegen weiß. Die flüchtige Zeit hat jahrtausendelang die unermesslichen Schattenreiche des Jenseits mit seinen ungezählten irdischen Außenstellen geschaffen.

Wer mitten im Leben steht, übersieht häufig, dass jede vergangene Zeit unrettbar verloren ist. Er kann zwar übermorgen nachholen, was ihm gestern misslang. Aber er muss sich zu diesem Zweck erneut aus seinem Zeitbudget bedienen. Ist das gut gefüllt, wird ihm der Verlust nicht weiter auffallen. Wir Alten indes beginnen, das Vergehen von Zeit fast körperlich zu spüren.

Die erhöhte Empfindsamkeit der Zeit gegenüber stellt sich beiläufig in der siebten Lebensdekade ein und gewinnt mit den folgenden Jahren an Intensität. Von nun an werden uns die Stunden »kostbar«, und wir beginnen, haushälterisch mit ihnen umzugehen. Uns wird unbehaglich, wenn wir das Gefühl haben müssen, sie seien wieder spurlos vergangen, ohne dass wir sie mit einem Gewinn oder einer Erinnerung in Zusammenhang bringen können. Sparen oder zur späteren Verwendung beiseitelegen können wir sie nicht, aber wir können sie symbolisch auf Dauer stellen, indem wir versuchen, jeden Augenblick mit Bedeutung und Tragweite anzureichern.

Dabei beschränken wir uns auf die unmittelbare zeitliche Nachbarschaft, denn uns ist die Zukunft, die einst ein wesentlicher Bestandteil unserer Pläne war, abhandengekommen. Eine gute Zukunft ist grenzenlos. Wir jedoch haben keine mehr, zumindest nicht in ihrer attraktiven Form als zwielichtigem Raum hinter dem Horizont. Diese Einsicht ist anfänglich verstörend, und es dauert eine Weile, bis man in der Lage ist, sie beiseitezulegen, wenn sie im Bewusstsein vorbeischaut – was sie immer häufiger tun wird.

Wie aber geht man mit der Endlichkeit um, der einzigen Tatsache, auf die wir uns alle ohne Ausnahme verlassen können? In der GvD vermeiden wir Themen, die mit der Vergänglichkeit in Zusammenhang stehen. Wenn sie doch unvermutet aufkommen, drängen wir sie durch Achselzucken oder unverfänglichen Gesprächsstoff aus der unmittelbaren Gegenwart in eine flüchtige Form des Vergessens. Dort halten sie zwar eine Zeit lang stille, werden sich aber früher oder später wieder bemerkbar machen. Vergänglichkeitsthemen und deren Abwehr sind Teil unseres Lebens geworden.

Eine andere Form, ihnen beizukommen, ist das Denken in Etappen: Jahreszeiten, Festtage oder Termine. Sie unterteilen den Zeitstrom in überschaubare Einheiten, die nicht zu weit in die Zukunft, wo das Unheil droht, reichen. Weihnachten, ein runder Geburtstag, der nächste Winter oder die jährliche Fernreise verbergen den Abgrund vorläufig hinter einem Vorhang der Kurzfristigkeit.

Wir müssen uns in der Zeit neu verorten und sind gut beraten, als Virtuosen des Augenblicks im Gleich und Sofort, im Morgen oder Übermorgen zu leben. Langfristige Pläne scheitern jetzt an der Einsicht, dass ihnen keine Zeit zur Umsetzung mehr bleibt. Deswegen lassen wir die Finger von ihnen und beginnen, auf Sichtweite zu leben.

Damit sind wir im Augenblick angekommen. Einst hatte er den Ruf eines zwiespältigen und leichtlebigen Begleiters durch den Alltag. Für weitreichende Pläne und große Projekte taugte er nichts, wohl aber für Ausschweifung und Zerstreuung. Zielstrebige, rechtschaffene Menschen mieden instinktiv das »Dunkel des gelebten Augenblicks«, um die sehr viel besser angesehene Zukunft in Angriff zu nehmen.

In der GvD haben wir die Konsequenzen aus dem Verlust an Weitblick gezogen und konzentrieren uns auf die unmittelbare Alltäglichkeit. Die nimmt weniger Zeit in Anspruch. Wir haben den flüchtigen Klatsch entdeckt und vor allem den Spott, der in ständiger Wiederholung des Immergleichen zeitlos erscheint. Wer sich mit ihm beschäftigt, klinkt sich gleichsam aus der Zeit aus.

Die Politik, die wir früher sorgfältig verfolgt hatten, spielt indes kaum mehr eine Rolle. Es ist zu viel Zukunft in ihr enthalten. »Die gehört jetzt den Jüngeren«, behauptet Gesine. Wir hätten »kein Recht mehr auf sie« und wären gut beraten, uns nicht mehr einzumischen.

Die großen Themen von einst – Liebe, Karriere, das Selbst, der Traum von einer besseren Welt – sind uns still und leise abhandengekommen. Soweit sie mit politischen Verpflichtungen und gesellschaftlichen Ansprüchen verbunden sind, sollen sich andere darum kümmern. Für uns ist es jetzt »zu spät« geworden.

Tante Barbara hätte nie behauptet, sich jünger zu fühlen, als sie war. Das wäre ihr frivol vorgekommen. Wer siebzig war, hatte siebzig zu sein. Wo kämen wir denn hin, wenn jeder nach eigenem Gutdünken sein Alter bestimmen könnte? Ein Siebzigjähriger würde Charleston tanzen und ein Graukopf in der achten Dekade die Torheiten eines Dreißigjährigen wiederholen. »Das wäre gegen die Natur«, war sie sicher. Jeder war gut beschäftigt, mit ihren unvermeidlichen Zumutungen zurechtzukommen. Da blieb kein Raum für einen Fünfzigjährigen im Körper eines Greises.

Dem Alter hatte man nach ihrer Überzeugung stolz und selbstbewusst entgegenzutreten, was mehr als alle Worte beweist, dass sie einer vergangenen Generation, wenn nicht gar Stilepoche angehörte. Sie ging diszipliniert aus Gewohnheit sonntags in die Kirche, »um den Laden zusammenzuhalten«, glaubte indes kein Wort von dem, was sie dort erzählt bekam, und hätte sicherlich den großen antichristlichen Formulierungen des 19. Jahrhunderts – »Opium fürs Volk« wie auch »Gott ist tot« – zugestimmt, wenn ihr die beiden bekannt gewesen wären. Als es dann so weit war, zog sie doch die Dienstbotenstiege dem Vorderausgang vor. Sie studierte sorgfältig den Wetterbericht, und als dieser eiskalte Nächte und ebensolche Tage voraussagte, trat sie bei Einbruch der Dämmerung auf ihren Balkon und ließ sich nach einem tüchtigen Schluck Rotwein und einer Handvoll Schlaftabletten ruhig auf dem Deckchair nieder, auf dem sie bei warmem Wetter die Abende verbracht hatte. Dort wurde sie zwei Tage später von Mon Bijou, der sie vorsorglich freigegeben hatte, gefunden.

»Ihr Gesicht war ganz grau«, sagte diese bei der polizeilichen Ermittlung, »sonst aber sah sie aus wie immer.« Tatsächlich hatte Tante Barbara das versonnene Lächeln einer glücklichen Leiche auf den Lippen. Sie hatte sich still das Leben genommen.

»Man lässt sich in dieser Lage nicht vom Gesinde überraschen«, hätte sie vermutlich ihren Tod kritisch kommentiert. Aber dazu ist es nicht mehr gekommen.

Wir dürfen annehmen, dass Tante Barbara nicht vor Leid und Hoffnungslosigkeit Reißaus genommen, sondern mit kühlem Verstand erkannt hatte, dass es keine lebenswerten Augenblicke für sie mehr geben würde. Daraufhin hatte sie diskret eine naheliegende Entscheidung getroffen.

INGRID VAN BERGEN UND
ANDERE MITSTREITER-INNEN

Wir altern unschön. Wie wir es auch anstellen. Katzen, Esel oder Kanarienvögel, von Heuschrecken wissen wir es nicht, sehen auch im hohen Alter noch ansehnlich aus. Ein Hund kriegt graue Haare um die Schnauze und ein paar schüttere Stellen hinten den Ohren, bevor er das Zeitliche segnet. So billig kommen wir nicht davon. Unaufhaltsam fordern die Jahre entschlossen ihren Tribut.

Die Menschheit hat sich zwar unverzüglich gegen ihr elendes Los zur Wehr gesetzt, doch sie ist mit der Natur und dem Schicksal auf Gegner gestoßen, denen sie, von unbedeutenden Erfolgen abseits der großen Schlachtordnung abgesehen, nur unterliegen konnte. Sie hat dennoch unverdrossen den Fehdehandschuh immer wieder aufgenommen, um erneut in das aussichtslose Gefecht zu ziehen. Zwei Strategien hat sie dabei von Anfang an verfolgt. Die eine, naheliegende, sucht den Erfolg durch Retuschen an der Oberfläche. Die Mittel dazu − Schminke, Stift und Farbe − sind von Beginn an zu allen Zeiten in allen Gesellschaften erhältlich gewesen. Leider wirken sie nur kurzfristig, denn der Mensch bleibt, während eine gnädige Patina vorübergehend seine Mängel bedeckt, derselbe. Spätestens im Schlafrock kommen die Schäden wieder zum Vorschein.

In einigen Kulturen versuchte man, das Problem grundsätzlich zu lösen. Man entwickelte naturferne Schönheitsideale und veränderte den Körper nach deren Maßstäben. Im 10. Jahrhundert entstand etwa in China das Ideal der weiblichen »Lotusfüße«, die zu diesem Zwecke im Kindesalter gebrochen und eng eingeschnürt wurden, bis sie rund zehn Zentimeter groß waren und die Form einer Lotusblüte angenommen hatten. Den Padaung-Frauen in Burma wurden die Hälse optisch durch geschichtete Goldreife bizarr in die Länge gezogen. Beide Techniken sind zwar lokale Eigenarten geblieben, weisen aber bereits weit hinein in unsere Zeit, wie wir noch sehen werden.

Die zweite Strategie, dem Altern und seinen unerbittlichen Konsequenzen beizukommen, setzt am Bewusstsein an. Sie unterscheidet gewitzt zwischen »äußeren« und »inneren« Werten, erklärt Letztere zu wertvollen Vorbildern, während Erstere als oberflächlich und seicht gelten. Der wahre Gentleman gibt in jedem Alter stets den inneren Werten den Vorzug. Zudem können ihnen die Jahre weniger anhaben, wenn man einmal von Demenz absieht.

Die fernöstlichen Religionen, der Buddhismus in Sonderheit, bedienen sich von jeher dieser Technik, mit der Vergänglichkeit fertigzuwerden. Nachdem Siddhartha unmissverständlich erklärt hatte: »Alles Leben ist Leiden«, forderte er seine Anhänger zu radikaler Arbeit am eigenen Bewusstsein auf, indem die Ursachen des Leidens, Bedürfnisse wie etwa die nach Zerstreuung, rotem Wein oder buntem Schmuck, stillgelegt werden. Sind sie mittels endloser Meditationen beiseitegeräumt, ist nichts übrig, was das Leben noch lebenswert macht, und damit auch kein Raum mehr für Leiden. Die Angst vor dem Tod und dem Weg dorthin erlischt wie eine Kerze im Luftzug. Was bleibt, ist die Hoffnung auf das Nirwana, das absolute Nichts.

In seiner gnadenlosen Tiefe und Strenge ist dieser Lebensentwurf selbst für hart gesottene Christen, die noch an die Erbsünde, das Fegefeuer und die ewige Verdammnis glauben, zu trostlos und hat bei uns kaum ernsthafte Anhänger gefunden. Wer sich trotzdem Buddhist nennt, verfolgt meistens eine handwarme Form, die uns von Kalifornien her erreicht hat.

Hierzulande herrscht offiziell die Vorherrschaft der »inneren Werte«. Sie, und nicht der äußere Tand, sind der Maßstab, nach denen wir Menschen beurteilen sollen.

»Innere Werte sind mein Ding«, behauptet KBW von sich und versichert: »Ich bin Oberkante Unterlippe voll davon.«

»Wenn einer fehlt: ein Wink, und ich hol ihn mir.«

»Ohne innere Werte kommt mir niemand ins Haus«, bekräftigt er sein Engagement für das Beste im Menschen.

KBW gehört zu jenen Zeitgenossen, die spontan und gerne bereit sind, sich im Handumdrehen zu verändern, wenn's dem sozialen Frieden dient. »Repressive Veränderungsbereitschaft«, nennt Gesine das.

Jeder Schauspieler, der mit einer entzückenden Kollegin gesehen wurde, wird deren innere Vorzüge preisen und das Äußere als willkommene, aber unwichtige Dreingabe darstellen. Selbst der glückliche Gatte einer attraktiven Gattin wird erst einmal ausführlich ihre inneren Qualitäten – Bildung, Herzlichkeit und interessierte Gesprächsbereitschaft – loben, bevor er sich zögerlich zu ihren unübersehbaren Vorzügen äußert. Braucht er eigentlich auch nicht, sieht ja ohnehin jeder. Andernfalls würde er in den Verdacht der Oberflächlichkeit, die trotz ihres verführerischen Glanzes seit alters her einen schlechten Leumund hat, geraten.

Seit einiger Zeit ist das Äußere jedoch unaufhaltsam auf dem Vormarsch und drängt die Innerei zunehmend in die Defensive. Vorläufig herrscht noch eine verschwiegene Absprache, über die wachsende Bedeutung von Stil, Aussehen und Figur kein Aufheben zu machen. Offiziell leben wir weiter im Glanz der inneren Werte.

»Wer die inneren Werte überschwänglich preist, hat meist keine äußeren mehr übrig«, behauptet KBW, im Grunde ein gut erträglicher Zeitgenosse, in seiner Rolle als Alterszyniker.

Gelegentlich ist von tiefer Weisheit die Rede, die sich zwischen den Falten alter Gesichter verbirgt, aber den von diesem Lob Betroffenen wäre es vermutlich lieber, sie hätten statt Güte und Selbstlosigkeit weniger Verwerfungen um die Augen.

Wir leben nicht in Zeiten der absoluten Vorherrschaft der Fassade. So töricht sind die Menschen nicht. Aber ihre Bedeutung hat zugenommen.

Wir gleiten nicht mehr gelassen ins Alter und in seine unerbittlichen Begleiterscheinungen, sondern beginnen, jeder auf seine Weise, uns dagegen aufzulehnen. Manche verhalten sich wie die verzweifelten Passagiere auf der »Titanic«, die, als der Bug absank, zum steil aufragenden Heck kletterten, in der Hoffnung, ein wenig Leben zu gewinnen, wohl wissend, dass sie chancenlos waren.

Aber sehen wir in der Asservatenkammer nach, welche Hilfsmittel uns geblieben sind, um dem Altern die Stirn zu bieten. Viel ist es nicht. Zahlreiche Waffen sind überdies stumpf geworden. Der Dreitagebart, den einst Landstreicher – »Gens sans feu et sans aveu«, wie Karl Marx missbilligend bemerkte – trugen, ist in der Mitte meiner Alterskohorte angekommen. Er zaubert ein wenig Verwegenheit in altersmüde Gesichter und verdeckt freundlich die eine oder andere Scharte.

Wer vom Alter redet, darf über Haare nicht schweigen. Wer noch welche hat, sollte sie kurz tragen. Leichtes, luftiges Gefieder, von dem jede Brise Besitz ergreift, erinnert allzu offensichtlich an den unaufhaltsamen Lauf der Dinge. Der Italiener Flavio Briatore hat jüngst den öligen Genicklöckchen vor allem bei betuchten deutschen Männern zu Ansehen verholfen. Wer über Selbstbewusstsein oder schlechten Geschmack, am besten beides, verfügt, dem werden sie zu Gesicht stehen.

Wer sich lächerlich machen will, ist gut beraten, sich die Haare zu färben und schwarze Locken zu schneeweißem Bart zu tragen, in der festen Überzeugung, dass es niemand bemerkt. Das Gegenteil ist der Fall: Jedem fällt es auf und bringt null Zugewinn im Bemühen ums jugendliche Äußere!

Toupet geht gar nicht!

Bleibt schließlich der Teint. Manche aus meiner Alterskohorte kommen bärtig und dunkelbraun daher, wie eine Schar Piraten, die es an den Jungfernstieg verschlagen hat. Wer's mag! Mode verzeiht Jüngeren jede Torheit, für uns indes gilt das Modeprivileg nicht mehr. Unsere Kleiderordnung besteht in strenger Zurückhaltung und der Einsicht: »Farbe ist Verbrechen.« Man kann selbstredend jede tragen, vorausgesetzt, sie ist schwarz oder zumindest grau. Karminrote Hosen, gelbe Pullover, schillernde Schlangenledergürtel und senffarbene Mokassins können als Clownskostüm bei Kindergeburtstagen guten Dienst tun, den Alten im Alltag jedoch helfen sie nicht im Geringsten.

Für Jeans braucht es Steißfett in ausreichender Menge, andernfalls verzieht sich der blaue Hosenboden zu einer kläglichen Grimasse. Steißfett aber vergeht im Alter wie Schnee im Frühling, und plötzlich sind die letzten Reste für immer dahin. Allenfalls Clint Eastwood könnte noch Jeans tragen, zieht jedoch klug Chinos mit Falte vor. Er sollte uns Anlass und Vorbild sein, die Nietenhosen restlos zu entsorgen.

Den Hals verdeckt unaufdringlich ein leichter Foulard, als ob ein freundlicher Windstoß ihn zufällig dahin geweht hätte. Er kann auch in der Oper dortbleiben und wird die Geheimnisse nicht preisgeben, die sich hinter ihm verbergen.

Was ist mit den Handrücken? Handschuhe im Sommer sind verdächtig, Hände in den Hosentaschen ungehörig, also besser ohne Gegenwehr akzeptieren.

Auch das Körpergewicht verlangt nach einem stets gefährdeten Gleichgewicht. Zu viele verlorene Pfunde ziehen hohle Wangen nach sich, und die Gesichtszüge gleichen denen des Gevatters, an den man beim morgendlichen Blick in den Spiegel keineswegs erinnert werden möchte. Zu viele Pfunde wiederum füttern den Bauchumfang, beengen den Atem und lassen die Hose rutschen. Es bleibt ein Kampf bis in die letzten Stunden.

Das Alter bedroht zudem einen wesentlichen Teil unserer Intimität, nämlich die Hoheit über die Informationen, die wir preisgeben möchten. Unweigerlich verrät das Äußere mit den Jahren mehr und mehr über uns. Jeder Blick entblößt uns. Wir werden nackt, weil sich jeder vorzustellen vermag, was die Kleider unter dem faltigen Hals zu verbergen suchen. Gute Mode macht aus Körpern ein Geheimnis. Aus dem Wunsch, dieses zu enträtseln, entstehen Anziehung und Begehren. Der alte Leib dagegen birgt kaum noch Geheimnisse, und von jenen, die ihm geblieben sind, will keiner mehr was wissen.

Von den Kommentaren hinter unserem Rücken ganz zu schweigen. Es vergeht kaum ein Wiedersehen alter Menschen, nach dem es nicht leise und in besorgtem Tonfall übereinander heißt: »Alt geworden, hast du gesehen?«

Der unbehagliche Unterton hat seine begründete Ursache in dem Verdacht, dass andere ebenso urteilen werden.

»Der Hals, der Hals! Mit der Haut könnte man einen geräumigen Shopper herstellen.«

»Und die Hände, wo haben sie nur das Fleisch gelassen?«

»Das hängt jetzt unter dem Kinn.«

Warm und zart wird der Blick, wenn sich ihm Gewohnheit, Zuneigung und weitherzige Hinnahme beimischen. Der liebevolle Blick alter Menschen auf ihre gemeinsame

Vergänglichkeit gehört zu den kostbarsten Momenten in jedem Leben.

»Es war schön anzusehen, wie Oma und Opa nach so vielen Ehejahren immer noch Hand in Hand durch die Straßen liefen«, beobachtet die italienische Autorin Michela Marzano gerührt. Wir sollten im Alter überhaupt häufig Hand in Hand gehen und bezeugen, dass uns die Haut des anderen nicht fremd geworden ist.

Die Arbeit am Äußeren bleibt vergänglich, und die inneren Werte sind durch die bessere Einsicht ständig in Gefahr. Anlass, uns an die Giraffenhälse aus Burma und die chinesischen Lotusblütenfüße nebst deren Absicht, die Sache grundsätzlich anzugehen, zu erinnern. Die Idee ist alt, die Technik zu deren Umsetzung jedoch neu. Jetzt kommen Skalpell, Spritzen und Ersatzsubstanzen zum Einsatz. Was an Hals und Lidern zu viel ist, wird weggeschnitten, gestrafft, wahlweise abgesaugt, und wo es an Substanz fehlt, nachgespritzt und aufgefüllt.

Wer im Lauf des Lebens seine Identität zu einem Gutteil von der äußeren Verfasstheit seines Leibes abhängig gemacht hatte, für den hält das Alter einige unangenehme Überraschungen bereit. Neben den unvermeidbaren Schäden im Leibesinneren entfernt sich das Äußere unerbittlich von den Vorstellungen, die mit angenehmen Gesichtszügen verbunden sind, wobei diese in Europa durch die Jahrhunderte erstaunlich konstant geblieben sind: Eng zusammenstehende Augen, schmale Lippen und ein fliehendes Kinn galten zu allen Zeiten als unschön, deren Gegenteil als attraktiv. Die einzige ästhetische Neuerung der jüngsten

Vergangenheit ist die Glatze für Männer, die unsere Vorfahren noch durch Perücken, tiefen Seitenscheitel, Sardellen oder Toupets zu kaschieren versuchten. An der Stelle sei ausdrücklich den Schauspielern Yul Brynner und Telly Savalas für ihre Pionierarbeit am kahlen Schädel gedankt. In dieser Hinsicht ist das Leben der Männer echt unkomplizierter geworden.

Irgendwann jedoch werden die Spuren des Alterns unübersehbar, und wir suchen Hilfe bei der Altersfolgenbeseitigungsindustrie, die vor allem hübsch verpackte Illusionen, die unerschöpfliche Quelle unerfüllbarer Bedürfnisse, im Angebot hat.

»Dem sichtbaren Alterungsprozess trotzen zu wollen, ist langfristig eine gigantische Zeit- und Energieverschwendung«, behauptet indes Lisa Ortgies entschlossen. Der Trick der Industrie sei es, den Älteren einzureden, sie seien körperlich und ästhetisch »eine Zumutung für den Rest der Gesellschaft«, während sie gleichzeitig verspricht, Abhilfe zu schaffen, die auf Dauer wirkungslos bleiben muss, denn Falten, hängende Mundwinkel und fahle Haut kennen längerfristig kein Erbarmen.

In einem Industriezweig, der mit derart luftiger Ware handelt, sind folgerichtig deutlich mehr Schwindler, Betrüger und Beutelschneider am Werk als in jedem anderen Berufszweig. Ein Bauer würde verfaultes Obst anbieten, ein Bauunternehmer einstürzende Neubauten hochziehen und ein Klempner verstopfte Rohre hinterlassen, wenn sie ihre Kundschaft in ähnlichem Ausmaß übervorteilen wollten. Jeder weiß das. Trotzdem investieren die Angehörigen meiner Alterskohorte Vermögen in wirkungslose Mittel.

Was sind die Ursachen dieser rätselhaften Indifferenz? Viele von uns haben vorläufig noch keine Lust auf Einsicht und Zurückhaltung. Sie wollen weiterkämpfen und werfen sich der Illusion, der kleinen Schwester der Hoffnung, bereitwillig in die Arme. Illusionen gehören trotz ihrer Vergänglichkeit zur Wegzehrung auf jedem Lebensweg. Wer keine Illusionen mehr hat, geht mit leerem Beutel durch seine Tage.

Selbstredend kennen wir die Vorbehalte gegen den »Terror der Schönheitsindustrie«, die ihren Opfern einredet, sie könnte zumindest vorübergehend rückgängig machen, was nicht mehr rückgängig zu machen ist.

»Alles nur Geschäftemacherei«, heißt es mit kritischem Beigeschmack. Klar, was sonst? Wir leben im Kapitalismus mit all seinen Segnungen und Irrwegen. Der Wunsch nach einem gefälligen Äußeren, unabhängig vom Alter, besteht übrigens in allen bekannten Gesellschaften, egal, wie dort gewirtschaftet wird. In unserer Zeit hat sich der ästhetisch-industrielle Komplex der Sache angenommen und mit ihr ein unerschöpfliches Geschäftsfeld entdeckt.

Alles irgendwie korrekt, aber trotzdem falsch.

Wir wissen sehr wohl, dass unsere Auflehnung irgendwann zum Scheitern verurteilt sein wird. Aber trostloser als jeder sinnlose Versuch der Gegenwehr ist der Anblick eines Menschen, der sich aufgegeben hat. Deswegen verlohnt Widerstand bis zum letzten Atemzug. Wir gewinnen nicht auf Dauer, aber wir behalten Stolz und Haltung, und das ist der Sinn auch späten Lebens.

Meine verstorbene Tante Barbara, von der bereits die Rede gewesen war, hielt Musik zwar für ein eher nebensächliches Geräusch, hatte aber trotzdem –»gehört sich so« – eine Saisonkarte für die Oper. Selbst als ihr die Ohren den Dienst versagten, ließ sie keine Vorstellung aus. Der Tag des Konzertbesuchs begann wie jeder Morgen mit einem Glas Sekt, den sie alle Tage aufs Neue rechtfertigte. »Der Kreislauf, du verstehst.« Ich verstand. Am späten Vormittag stand der Friseurtermin auf der Tagesordnung. Dem schlossen sich, obgleich sie nur zwei zur Auswahl hatte, längere Überlegungen an, welches Kleid sie heute Abend anziehen würde. Die Sache wollte sorgfältig bedacht sein. Schließlich zog sie sich vor den Schminktisch, ein halbkreisförmiges Möbel mit zwei verstellbaren Seitenspiegeln, ins Schlafzimmer zurück. Dort begann sie, sich, umgeben von unzähligen Töpfchen, Pinseln, Quasten und Stiften, zu schminken. Am Ende ihrer Bemühungen, die gerne zwei Stunden in Anspruch nehmen konnten, sah sie zwar keinen Tag jünger aus, als es ihr Pass auswies, aber sie hielt sich selbstbewusster und ging aufrechter.

Als gehorsamer Neffe zweiten Grades habe ich sie gelegentlich für den Preis einer Eintrittskarte begleitet. Spätestens auf der weiten Freitreppe stieß sie mich verschwörerisch in die Seite und strahlte mich zwischen unzähligen Falten aus mit Schminke verklebten Augen an. Sie war fest davon überzeugt, an diesem Abend im Dunkel des Saales der Vergänglichkeit entkommen zu sein, und für mich ein eindringliches Beispiel dafür, dass auch ein aussichtsloser Kampf Sieger hervorbringen und glücklich machen kann.

Eines Tages traf ich im Rahmen einer Talkshow auf die Schauspielerin Ingrid van Bergen, die damals einen wilden, entschlossenen Kampf gegen das Altern führte und wenig unversucht ließ, dem Leben noch einige Stunden abzutrotzen. Es ging um die »hohen Jahre« und die Chancen, ihnen zu begegnen. Als ich, um Meinung gebeten, brav und banal vorschlug, »Würde« sei doch einen Versuch wert, unterbrach sie mich umgehend und erklärte wütend, ich solle mir meine »verdammte Würde an den Hut oder sonst wohin stecken«. Würde sei das Letzte, auf das sie Lust hätte, und bot an, ihren Hintern zu entblößen. Der sei »noch recht ansehnlich« und auch ohne Würde gut zu gebrauchen. Gelächter und Bravorufe aus dem Publikum, während der Moderator versuchte, wieder Ordnung in den Ablauf des Abends zu bringen.

Ursprünglich hatte ich vorgehabt, in der Sendung auch die gute alte »Gelassenheit« ins Feld zu führen. Sie steht in allen Ratgebern ganz oben auf der Must-do-Liste. Ich unterließ es aber, weil es ihr vermutlich nicht besser ergangen wäre als der Würde. Zudem stand die Drohung weiterer Entblößungen im Raum.

Im Fortgang der Diskussion verzichteten die anderen Teilnehmer eingeschüchtert auf das »W«-Wort, denn mit der Bergen war in dieser Hinsicht weiterhin schlecht Kirschen essen. Wir kamen schließlich zu dem Ergebnis, das Prinzip »Würde« sei eine Art Verhaltens-Getto, in dem die Alten unauffällig abgestellt würden. Statt der grauen, betagten »Würde« sollten in Zukunft bunte Stoffe, schrille Gesten und Ausschweifungen auf der Tagesordnung stehen. Die Bergen hatte auf ganzer Linie gesiegt. Gut gebrüllt, alte Löwin!

Dem Kampf ums Äußere ist häufig ein Moment von zwiespältiger Verzweiflung eigen. Wir wissen sehr wohl um seine Aussichtslosigkeit, doch es geht uns nicht um Sieg oder Niederlage, sondern um Widerstand und das Gefühl von Freiheit und Selbstbestimmung, das auch einem verlorenen Gefecht eigen sein kann. Wir wissen, wir werden den Krieg um den eigenen Leib verlieren, aber einige Scharmützel noch gewinnen. Dazu zählt fraglos jener unvergleichliche Augenblick, wenn die Nasenwurzelfalte nach einer Botoxbehandlung an Tiefe und Dominanz verloren hat, der Oberlippengrill nur noch als Schattenwurf erkennbar ist oder über faltenreichen Wangen eine Stirn, glatt wie polierter Alabaster, liegt. Für kurze Zeit und manchen zärtlichen Blick in den Spiegel darf man hoffen, die Natur überlistet zu haben.

Irgendwann jedoch stoßen Botox oder Hyaluronsäure an ihre Grenzen. Sie kommen gegen Faltenvielfalt und die Hohlräume im Fettgewebe nicht mehr an. Dann heißt es, diskret die Segel streichen und den Dingen ihren Lauf lassen. Wenn ich mich unter meinesgleichen umschaue, begreifen die meisten rechtzeitig, was von ihnen erwartet wird. Auch die unvermeidlichen Nachzügler schließen sich früher oder später friedfertig an. Das geht nicht ohne melancholische Seufzer ab, aber wann wäre Melancholie besser am Platz gewesen als beim endgültigen Abschied aus dem Gesichtsfeld der Gegenwart?

THE BLUE DIAMOND

Es liegt bereits einige Zeit zurück, als es mich zusammen mit einem Filmteam auf der Suche nach den Wurzeln des ländlichen Blues der schwarzen Amerikaner nach Clarksdale/Mississippi verschlug. »Fahren Sie auf der Interstate 55 gen Süden«, erklärte uns der Motelbesitzer, dem wir von unserem Anliegen erzählt hatten. »Auf der Höhe Jackson wechseln Sie auf die 20 Richtung Westen, nehmen die Ausfahrt Vicksburg und schlagen sich nach Tallulah durch. Dort, im ›Blue Diamond‹, werden Sie finden, was Sie suchen. Ich schätze, Sie sind etwa zwei Stunden unterwegs.«

Am frühen Abend des folgenden Tages standen wir vor einem Holzgebäude, das augenscheinlich einst einer der riesigen rostroten Viehschuppen gewesen war, die gut sichtbar und ohne erkennbaren Plan über das Land verstreut lagen. Der ehemalige Stall wurde notdürftig durch ungezählte seitliche Balken und Stützen zusammengehalten und würde einem der nächsten Tornados, die in regelmäßigen Abständen durch die Gegend zogen, vermutlich kaum mehr standhalten können.

Ohne weiter darüber nachgedacht zu haben, waren wir fest davon überzeugt, die ersten Deutschen zu sein, die je über die unebenen Bohlen der überdachten Veranda gegangen waren, vorbei an zahlreichen, altersschwachen Schaukelstühlen, um in das dahinter liegende Lokal zu gelangen. Auf einer schlichten, kniehohen Bühne stimmten drei Gitarristen ihre Instrumente, während der Schlagzeuger mit seinen Besen locker auf der Snare Drum rührte. Der Leadgitarrist schlug ein paar Akkorde an, und mein Tonmann, der gerade die Kabel seiner Ausrüstung entwirrte, summte leise vor sich hin: »Get out from that kitchen and rattle those pots and pans.«

Wir schauten ihn überrascht an.

»Es sind immer dieselben Akkorde«, erklärte er leichthin.

Vor uns lag eine sandbestreute Tanzfläche. In wilder Unordnung standen Tische und Stühle, von denen keiner dem anderen glich, herum. Blumentopfuntersetzer, die überall verteilt waren, deuteten darauf hin, dass hier geraucht wurde. Eine seltene Ausnahme, auch im Land der unbegrenzten Freiheiten, und ein Hinweis, dass im »Blue Diamond« ungezügelte Lebens- und Leibeslust noch ihre Heimat hatten.

»Wo kommt ihr denn her?«, wollte der Mann hinter dem Tresen wissen. »Weiße Gäste haben wir hier eher selten. Almost never«, fast nie, fügte er hinzu.

»From Germany!«

»Get real!« Er war so überrascht, dass er mir seine rechte Faust kräftig, aber freundschaftlich gegen die Schulter stieß. »Stellt euch vor, was Sonntag vor acht Tagen passiert ist: Da kommt nach Einbruch der Dunkelheit ein älteres Paar hier rein, als sei es das Normalste auf der Welt, als Weiße im ›Blue Diamond‹ zu verkehren. Die beiden setzen sich, bestellen Bier und Soul Food, hören den ›Waisted Talents‹, das ist unsere Hausband, zu, unterhalten sich mit anderen Gästen und fotografieren mit ihren Smartphones. Ein, zwei Mal haben sie sich mit ungelenken Bewegungen sogar auf die Tanzfläche gewagt. In einer Musikpause kommen wir ins Gespräch. Und es stellt sich heraus, es sind Landsleute von euch, aus eurer Hauptstadt!« Er hielt inne. »Den Namen hab' ich vergessen.«

»Berlin?«, halfen wir ihm.

»So klang's.«

»Wie ging's weiter?«

»Irgendwann haben sie bezahlt, sich freundlich verabschiedet und sind in der Dunkelheit verschwunden. Ich vermute, sie haben in Jackson im Motel auf der Mark Twain Avenue übernachtet. Dort kriegen Sie das beste Steak bis hinauf nach Clarksdale, heißt es.« Selbst sei er aber noch nicht dort gewesen. Das sei kein Platz für Schwarze, erklärte er.

Für Deutsche aus Berlin schon.

Als ARD-Korrespondent in New York bin ich in manch entlegenem Winkel des Landes herumgekommen. Deutsche Rentner waren, gut zu Fuß und mit gefüllten Hosenbeintaschen, immer schon da gewesen. Es ist die Zeit der ruhelosen Ruheständler, die, einem seltsamen Trieb folgend, durch die Welt ziehen und Eindrücke von Dingen, die man gesehen haben muss, sammeln, um sie in das Album ihrer Erinnerungen einzukleben, so wie einst in ihrer Jugend Sanella-Reisebilder.

Die frei umherschweifenden Senioren sind durchweg gewissenhafte Jäger und Sammler der Erfahrungen, die daheim als bedeutsam angesehen werden und die sie nun unmittelbar in Augenschein nehmen. Man wolle einmal im Leben die »Einsamkeit Patagoniens« oder die »überwältigende Präsenz der Pyramiden« erleben, die feine Gischt der Wasserfälle von Iguazú auf der Haut spüren oder »in der Antarktis Gletscher beim Kalben beobachtet haben«, heißt es sehnsüchtig. Wobei diesen Wünschen stets der melancholische Unterton der Vergänglichkeit eigen ist.

Nie zuvor ist eine so große Schar kenntnisreicher, ehrlich interessierter Reisender unterwegs gewesen, die nebenbei zahlreiche alte Gemäuer, verlassene Kirchen und vergessene Quartiere wieder zum Leben erweckt haben. Sie kennen bis ins Detail die Zahlen und Fakten der Objekte ihrer Neugierde, die sie vor Ort sorgfältig mit ihren Reiseführern abgleichen.

Was aber ist der Sinn dieser späten Ernte, um die wir Ältere uns so eifrig bemühen? Sicherlich geht häufig ein Herzenswunsch von einst Sesshaften in Erfüllung. Ist es darüber hinaus eine Abschiedstour durch eine Welt, die wir bald verlassen müssen? Oder die Flucht aus der Heimat, wo uns eines Tages der Tod ereilen wird? Ist es jene Rastlosigkeit, die den Augenblick ergreift, wenn zwischen Vergangenheit und Zukunft kein Platz mehr für ihn bleibt? Treiben uns Langweile und Hoffnungslosigkeit in die Ferne? Oder die Einsicht, dass es irgendwann vorbei sein wird und wir der Welt und ihren Zugnummern unerbittlich den Rücken kehren müssen?

Ungewöhnliche Abenteuer, von denen daheim zu erzählen wäre, können es nicht sein, die erleben wir selten auf den durchorganisierten Reisen. Es sei denn in Form verlorener Koffer, mäßiger Verpflegung oder unverschämter Kellner. Solche Anekdoten garantieren zwar mitleidiges Gelächter in heimischer Runde, aber der Protagonist erscheint unweigerlich als hilfloses Opfer, das sich in der Fremde übertölpeln ließ.

Die rätselhafte Sammelleidenschaft hängt vermutlich mit unserer modernen Auffassung vom erfüllten Leben zusammen. Einst diente es der Vorbereitung auf das Jenseits, das freilich nur demjenigen offenstand, der ein gottgefälliges Dasein mit seinen unzähligen Verpflichtungen und Entsagungen hinter sich gebracht hatte. Ganz anders das Leben meiner Generation: Die Hoffnung, es nach dem Tode in veränderter Form weiterzuführen, ist uns spurlos abhandengekommen. Ob die Welt ohne Transzendenz auf Dauer überleben kann, wird die Zukunft zeigen. Aber das ist ein anderes Thema.

Wir hingegen haben ein sinnvolles Leben geführt, wenn unsere kurz bemessene Anwesenheit auf Erden »reich an Erfahrungen und an ausgeschöpften Möglichkeiten« gewesen war. Der Zweck des guten Lebens in der Moderne ist es, möglichst zahlreiche Eindrücke und Erlebnisse im Diesseits anzuhäufen, denn danach gibt es für den Ungläubigen nicht mehr viel zu holen. Was wir im Jetzt nicht erreicht und erlebt haben, ist unrettbar verloren. »Das Leben in all seiner grenzenlosen Mannigfaltigkeit auszukosten«, wird zum zentralen Streben des modernen Menschen. Wobei die Zahl der erlebbaren Sensationen so groß ist wie die der Sandkörner an den Küsten der Weltmeere. Das natürliche Ende dieser unermesslichen Vielfalt ist für den Einzelnen erst erreicht, wenn er für immer die Augen geschlossen hat. Das ist eine grundlegend andere Lebensführung als die unserer Vorfahren, die stets von den kärglichen Vorgaben des Jenseits bestimmt war.

Konfrontiert mit einer prinzipiell unendlich großen Vielzahl an Erfahrungen und Erlebnissen, sehen wir uns gezwungen, immer mehr im Rahmen eines begrenzten Zeitbudgets, das zudem unaufhaltsam zur Neige geht, zu tun. Wir sind ständig in der Situation jener, denen vor dem Urlaub die Zeit knapp geworden ist und die nun glauben, in den letzten Minuten noch dieses und jenes in fliegender Eile erledigen zu müssen. Es ist ohnehin eine Eigentümlichkeit unseres Umgangs mit der Zeit, dass der Mensch stets im letzten Augenblick zu erkennen pflegt, was er alles versäumt oder unterlassen hat. Unsere hoch mobilen Rentner sind in dieser Situation. Je mehr Zeit vergeht, desto größer wird die Zahl der Dinge, die sie noch erleben wollen, bevor das letzte Sandkorn durch die Lebensuhr gelaufen ist. Allerdings werden sie als entschlossene Agnostiker den Schatz ihrer Erinnerungen nicht mitnehmen dürfen. Der wird mit ihrem Ableben für alle Zeiten spurlos verschwunden sein. »Das letzte Hemd hat keine Taschen«, weiß der Volksmund in anderem Zusammenhang, und der »Tod hat kein Gedächtnis«, möchte man hinzufügen.

Die Erzählungen und Berichte über die in der Fremde gesammelten Eindrücke sind ein wesentlicher Bestandteil jener neuen Form des Erlebens. Erst nachdem Dritte es zur Kenntnis genommen haben, wird das Erlebte in den Schatz der Erinnerungen aufgenommen. Man bedarf weiterhin des Du, um zum Ich zu werden. An dieser Grundbefindlichkeit hat sich wenig geändert.

Auch in der GvD sind, wie überall sonst, Sachthemen und Debatten zu Politik und Kultur langen Ausführungen über zurückliegende Reisen nebst sorgfältigen Schilderungen reizvoller Entdeckungen und unvergesslicher Eindrücke gewichen. Mancher Abend erschöpft sich in epischen Berichten von fernen Orten und versteckten Geheimtipps, wo noch gekocht wird wie »bei Oma«, die plötzlich zu späten Ehren kommt, denn bislang waren die eigene Oma und deren Kochkünste uns herzlich gleichgültig gewesen. Eine besondere Rolle spielen »magische Orte«, die von Touristen noch nicht entdeckt worden waren und deren Adresse deswegen nur zögerlich preisgegeben wird. Sie sind mit Attributen wie »verwunschen«, »rätselhaft« oder »geheimnisvoll« belegt und erinnern unwillkürlich an die verlorenen spirituellen Erfahrungen.

Die Sprache, in der wir uns dabei austauschen, ähnelt zunehmend derjenigen, die in Reiseprospekten gepflegt wird, sodass die Vermutung naheliegt, das Studium der bunten Broschüren könne bald die Reise selbst ersetzen. Was uns immerhin den ewigen Störenfried in der Fremde, den Touristen aus der Heimat, ersparen würde.

»Alles voller Deutscher, grauenhaft, kann dir echt die Stimmung versauen!«

»Übergewichtig, krebsrot, in kurzen Hosen, kannst dir vorstellen, wie das bei mir ankam.«

Man meidet sich in der Fremde wie den Türken in der Heimat. Woher kommt das? Amerikaner, Franzosen, alle anderen eigentlich begrüßen sich unbefangen und herzlich und erkunden oft gemeinsam die neue Umgebung. Wir Deutschen verhalten uns gegenüber Landsleuten in der Ferne wie gegenüber Immigranten daheim. Ein feindseliger Blick:»Oh Gott, Deutsche!«, und man geht selbst in der namibischen Wüste grußlos aneinander vorbei.

Peter Bichsel hat einmal beiläufig bemerkt:»Nur das Leben, das man erzählen kann, ist ein sinnvolles Leben.« Für uns ist das Leben zu einer Abfolge»berichtenswerter« Episoden geworden, die dem Zuhörer beweisen sollen, dass der Erzähler ein erfülltes Leben führt oder geführt hat. In unseren Reise- und Erlebnisberichten versichern wir uns selbst und anderen, dass wir erfolgreich den Zweck einer modernen Existenz erfüllen.

Man wird diese Zugvögel nur selten in gemächlicher Rast im Schatten eines Baumes beobachten können. Angetrieben von der Suche nach Eindrücken, welche die Lebensbilanz aufbessern, ziehen sie geschäftig durch die Gegend. Innehalten aus Erschöpfung ist erlaubt, Trödelei der Muße wegen wird ungern gesehen. Häufig genügen einige wenige Blicke, um eine Kirche, ein Denkmal oder eine Landschaft in die Liste der erledigten Sensationen einzusortieren. Fotos unterstützen später die Erinnerungsarbeit, die andernfalls mit wenigen kärglichen Eindrücken auskommen muss. Erfahrungen dieser Art sind naturgemäß flüchtig und halten sich nur begrenzte Zeit im Gedächtnis. Handwerklich gesehen sind sie Schund, von schlechter Qualität und auf baldigen Verlust und Verschleiß gearbeitet. Aber auf lange Dauer wird ohnehin nichts mehr angeschafft. Das unterschwellige Bewusstsein vom Ende, das im Hintergrund stets präsent ist, mahnt zur Eile und verhindert jede sorgfältige Aufarbeitung der Erfahrungen.

Wo Vielfalt herrscht, sind stets auch broschierte Führer und Ratgeber, die das Wesentliche vom Unwesentlichen trennen, zur Hand. »To-do-Listen«, die uns erklären, was wir noch erledigen müssen, wenn wir in Ruhe die Augen schließen wollen, werden täglich mehr, so wie die Anzahl der Objekte selbst.

Diese Jagd, die typisch ist für die erste Dekade nach Renteneintritt, kann jedoch nicht ewig weitergehen. Die Jahre werden weniger, die Zeit wird knapper, das Tempo wird langsamer. Vieles steckt bereits sorgfältig katalogisiert in Laptop-Speichern, und die Einsicht, dass die Zeit nie reichen wird, die Liste, die ständig länger wird, abzuarbeiten, entschleunigt notwendig den Tatendrang.

So wie wir uns einst, mit dem Ende des Arbeitslebens, aus den Fesseln der protestantischen Ethik befreien mussten – aus der Vorstellung nämlich, regelmäßige Arbeit sei der eigentliche Sinn eines jeden Lebens –, müssen wir uns zehn Jahre später aus einem Lebensentwurf befreien, der das Jenseits durch die Erlebnisakkumulation im Diesseits ersetzt. Erfolge und Karrieren haben die betriebsamen Grauköpfe hinter sich gelassen. Stattdessen raffen sie auf ihrer letzten Wegstrecke wahllos Eindrücke zusammen, in der irrigen Annahme, damit ihr Leben gelebt zu haben. Wer seine restlichen Jahre mit dem Anhäufen von Erfahrungen und Eindrücken verbringt, wird nicht geruhsam zu Ende leben können. Stattdessen wird das quälende Gefühl, sein Leben nicht bis zur Neige gelebt zu haben, zum ständigen Begleiter.

Allerdings wird uns die Reiseindustrie gerne als Kunden behalten wollen. Sie ist auf uns angewiesen. Im Vergleich zu früheren Zeiten haben viele von uns volle Taschen. Kaffee-automat, Geschirrspüler und Hi-Fi-Anlage sind längst in vorzüglicher Qualität und auf Dauer angeschafft, also bleibt genügend Geld für das marktwirtschaftlich gesehen perfekte Produkt: den flüchtigen Augenblick quer über alle Kontinente. Eine Ware, die nicht die lästige Permanenz von Waschmaschinen und Fahrrädern hat, sondern sich nach dem ersten und einzigen Gebrauch in Luft auflöst und ständigen Nachschub fordert.

Da die Ökonomie der substanzlosen Vergänglichkeit längst zum Kulturgut geworden ist, fällt der Sesshafte aus dem gemeinsamen Lebensstil. Er droht zum Außenseiter zu werden und den Anschluss zu verlieren. Nonkonformismus ist jedoch ein Lebensentwurf, der, lange zurück, in den Fünfzigerjahren en vogue war. Wer es heute noch einmal versucht, wird schnell zum Kauz. Eine soziale Kategorie, die viel Kraft und Selbstbewusstsein braucht, um mit ihr zu leben. Im Lauf der Jahre schwinden jedoch die Kräfte aller Art, auch solche für ein Leben als Sonderling.

Zudem wissen wir von keiner Alternative zu der rastlosen Sammelleidenschaft. Die Einkehr ins Jenseits versperrt uns der tiefe, dunkle Graben der Gleichgültigkeit, den wir im Alter nur noch in seltener Ausnahme überwinden können. Die Gnade des Jenseits will ein Leben lang erworben sein. Sie ist spröde gegenüber Ratgeberei und Coaching und spät kaum mehr zu erlangen.

Im Zwiespalt zwischen Aussichtslosigkeit und Ratlosigkeit folgen die meisten dem bequemen Mittelweg: alles zu belassen, wie es ist, und weiterzumachen, solang die Füße tragen. Der Trubel, der uns ständig umgibt, vermag auf

Zeit tatsächlich den verlorenen Sinn zu ersetzen, vorausgesetzt, man hält nicht inne. Dann meldet sich bisweilen jene Sehnsucht zu Wort, um derentwillen in jedem Dorf eine Kirche steht.

Schiffsreisen, vorausgesetzt, man landet nicht auf einem Partydampfer für junge Leute, sind die perfekte Inszenierung dieser Art der Wirklichkeitsaneignung. Man ist »unterwegs wie daheim« und nimmt die Heimat in Form von Gleichgesinnten und einer bequemen Kabine mit auf Reisen. Im Lauf des Vormittags legt das Schiff im Hafen an. Über die Gangway geht es gemeinsam an Land, wo kundige Führer für knapp bemessene Stunden das Schicksal der Reisenden übernehmen. Am späten Nachmittag sind alle zurück an Bord, und nach Einbruch der Dunkelheit legt das Schiff wieder ab. Bei Sonnenaufgang – keine Zeit vertan! – liegt man im nächsten Hafen, wo weitere Sehenswürdigkeiten auf die eiligen Fremden warten.

Seltsamer und spurloser als auf Kreuzfahrtschiffen ist nie gereist worden. Auf solchen Reisen werden Eindrücke, aber keine Erfahrungen gesammelt. Erfahrungen brauchen Zeit und setzen Fühlungnahme mit Einheimischen voraus. Die beschränkt sich, da man meist in Scharen mit seinesgleichen unterwegs ist, jedoch notgedrungen auf den kurzen Kontakt mit Verkäufern in Andenkenläden. Was aber ist dann der Sinn einer zweiwöchigen Kreuzfahrt? Ganz einfach: auf den »Geschmack für eine dreiwöchige zu kommen«.

Die notwendige technische Ergänzung für den flüchtigen Eindruckstourismus ist das Smartphone nebst eingebauter Kamera: leicht zu tragen, leicht zu bedienen und von unerschöpflicher Kapazität. Dort werden die kurzlebigen Impressionen auf vorläufige Dauer gestellt. Auch das leistungsfähigste Gehirn ist kaum mehr in der Lage, die bunte Vielfalt der Eindrücke trennscharf und auf Wiedervorlage zu erinnern. Das übernimmt die digitale Kamera, deren Bilder als Schlüssel zu den oberflächlich eingespeicherten Erlebnissen dienen. Mit ihrer Hilfe sind zumindest deren Umrisse, wenngleich oft nur undeutlich und lückenhaft, in die Erinnerung zurückzuholen. Dort können sie vage als Begebenheiten, Gerüche, Bilder und Geräusche nacherlebt werden. Freilich, sie halten keinen Vergleich mit jenen satten Bezügen aus, als Erlebnisse und Ereignisse noch sorgfältig in das Gedächtnis eingelagert wurden, um dort ein Leben lang präsent und abrufbar zu bleiben. Die Vergänglichkeit der neuen Bilderwelt empfinden jedoch die Senioren unter den Reisenden selten als Verlust. Sie benötigen aus der Gegenwart kaum mehr Bilder für die Zukunft. Deswegen tut ihnen der Luxus der Flüchtigkeit beste Dienste.

Ich erinnere mich eines Segeltörns durch die Karibik, in dessen Verlauf wir nach Einbruch der Dämmerung an der lang gestreckten, schmucklosen Betonmole einer der kleinen bunten Inseln festmachten. Am folgenden Abend war es dann spät geworden. Als wir am nächsten Morgen aufwachten, lag uns gegenüber mit vermutlich sechstausend Gästen an Bord die »Oasis of the Seas«, eines der größten Kreuzfahrtschiffe überhaupt. Bei meinem ersten Blick aus unserem schmalen Kajütfenster dachte ich erschrocken, Pater Malachias hätte unser Boot mitten auf die Fifth

Avenue versetzt. Neben uns lag nach rechts und links und oben eine endlose Ansammlung von Fenstern mit Austritt. Über die Mole hatten fliegende Händler auf rohen Kisten, dem nackten Beton oder kleinen Tischen ihre Waren ausgebreitet: farbige Stoffe und Ketten, geschnitzte Kokosnussschalen, einheimische Gewürze und Früchte, T-Shirts und Kappen mit dem Namen aller karibischen Inseln und weitere Produkte der weltweiten taiwanesischen Andenkenindustrie.

Noch lag die »Oasis« ruhig, während sich Steelbands mittschiffs backbord vor einem riesigen Tor, von dem zwei straßenbreite Gangways flach auf die Mole führten, aufbauten. Plötzlich ertönte ein langer, tiefer Ton. Das Tor wurde langsam nach oben gezogen. Sofort erhob sich ein vielstimmiger Lärm. Die Steelbands begannen zu trommeln, und die bislang schweigsame Schar der fliegenden Händler bot lautstark ihre Waren an.

Als sich das Tor bis auf Schulterhöhe geöffnet hatte, löste sich aus dem Dunkel des Schiffsrumpfs eine Rotte von Rollstuhlfahrern. Sie schossen die Rampe hinab, hielten kurz inne, schleuderten ihre grazilen Gefährte in einem eleganten Halbbogen um neunzig Grad nach rechts und bewegten sich mit großer Geschicklichkeit zwischen den Ständen zielsicher in Richtung des kleinen Hafens am Ende der Mole. Es schien nur wenige Augenblicke gedauert zu haben, bis sie wieder verschwunden waren.

»Was war das?«

»Das Beste kommt noch«, knurrte unser Skipper.

Den Rollstuhlfahrern folgte in dichten Reihen, ordentlich wie eine römische Legion, ein endloser Strom von

Passagieren zu Fuß. Wie ein Heer von Wanderameisen zogen sie über die Mole. Sie überfluteten die wenigen Straßen der kleinen Hafenstadt und verschwanden, bis auf eine Handvoll, die sich vom Geschrei der Händler hatten überzeugen lassen, jenseits einer nahe gelegenen sanften Bodenwelle. Das Tor schloss sich. Zwei Matrosen sicherten die Rampe mit einer Kette. Eine junge Stewardess brachte ein Schild an, auf dem in großen Zahlen »12:30« stand, vermutlich die Ablegezeit. Nach einer knappen halben Stunde lag die Mole wieder ruhig in der Sonne, als wäre nichts gewesen.

Wir beseitigten die Spuren der letzten Nacht – Flaschen, Dosen, Gläser und Zitronenscheiben – aus der Picht und machten klar Schiff. Eine Wolke schob sich vor die Sonne, ein leichter Wind kam auf, es wurde kühler. Die Händler hatten sich auf dem Boden neben ihren Waren niedergelassen und warteten auf die Rückkehrer. Die »Oasis« lag wie ausgestorben. Nur hoch droben auf den engen Seitengängen und den Kabinenveranden sorgte weiß gekleidetes Personal für Sauberkeit und Ordnung.

»Schaut mal!«, unterbrach John, der Skipper, plötzlich unsere Geschäftigkeit. Wir blickten auf. Über die Bodenwelle kamen als dichte Kavalkade die Rollstuhlfahrer. Ihre Oberkörper pendelten rhythmisch von hinten nach vorne und wieder zurück, während sie mit beiden Armen die schlanken, schräg stehenden Räder antrieben.

Die Kette wurde gelöst. Das Schiffstor öffnete sich wieder. Die Rollstuhlfahrer schossen heran, hielten kurz, fuhren mit heftig rudernden Bewegungen die Rampe hoch und waren im Inneren der »Oasis« verschwunden.

Ihnen folgten in einigem Abstand und aufgelöster Form die Ausflügler zu Fuß. Die Musiker, die sich neben ihren Instrumenten niedergelassen hatten und dicke, selbst gedrehte Zigaretten rauchten, begannen erneut, ihre Stahltonnen zu bearbeiten, während die Händler mit flehenden Gesten ihre Waren anboten. Das Schiff gab durch einen tiefen, lang gezogenen Ton zu erkennen, dass die Zeit drängte. Wie ein Staubsauger die Krümel am Boden, so sog die »Oasis« die vieltausendfache Menge auf. Ihnen folgten in leichtem Trab diejenigen, die den Anschluss verpasst hatten.

Es dauerte nicht lange, und auf der Mole war wieder die träge Ruhe eines späten Karibikvormittags eingekehrt. Die Musiker boten uns ihre Zigaretten an und schleppten die Fässer zur Seite. Die Händler packten ihre Sachen zusammen und verzogen sich. Wir waren wieder unter uns.

»Zwei Stunden für eine ganze Insel, so geht's auch«, bemerkte der Skipper trocken. »Macht die Leinen los und bringt die Fock hoch. Wir verlassen den Hafen unter Segel!«

Einige Tage später landeten wir in Santiago de Cuba an, dort, wo Fidel Castro am 1. Januar 1959 von einem kleinen Balkon aus den Sieg der Revolution verkündet hatte. Verwunschen war es da, in dieser letzten Oase des Traums vom Sozialismus. Wie auf einer Reise zum Mittelpunkt der Erde, wo in den Tiefen noch allerlei ausgestorbenes Getier überlebt hat. »Queremos que sean como el Che!« Ein wenig wichtiges Spanisch hatten wir auch gelernt.

Nach zwei Tagen segelten wir weiter. Ich stand am Mast und beobachtete, wie sich die Stadt und ihre ruhigen, mürben Farben des Verfalls in der feuchten Luft auflösten, bis sie schließlich ganz verschwunden waren. Unvermittelt und ohne erkennbaren Anlass überfiel mich, gegen mein ansonsten unbekümmertes Naturell, eine dunkle Traurigkeit, wie ich sie noch nie verspürt hatte. Meine Brust wurde eng. Ich ging unter Deck, nahm dort einen Schluck, warf mich aufs Bett und schlief ein.

Beim Abendbrot war vorläufig alles wieder vergessen. Gelegentlich kam mir die Szene in Erinnerung, ohne dass ich eine Erklärung gefunden hätte. Die fand ich zufällig später in einer kurzen Passage eines zweitklassigen Romans: »Er ließ die Stadt leichten Herzens hinter sich, bis er plötzlich erkannte, er würde sie nie wiedersehen. Von hier aus würde es kein Zurück mehr geben.«

Mein Abschied von Santiago de Cuba war ein erstes ernsthaftes Treffen mit der Endlichkeit gewesen. Instinktiv hatte ich begriffen: Das war mein letzter Blick auf die brüchigen Fassaden der Stadt gewesen. Dieser Teil meines Lebens lag unwiederholbar hinter mir.

Wenn das Sterben ein langer Prozess sein sollte, dann hatte ich mit dem Abschied von der karibischen Insel den kleinen Bruder vom großen Tod getroffen. Das leicht bedrohliche, oft melancholische Gefühl des endgültigen Abschieds hat mich seither auf jeder Reise nach fernen Zielen begleitet. Stets, wenn ich daheim den Koffer wieder auspackte, wurde mir bewusst: »Jene Landschaft oder Sehenswürdigkeit wirst du nicht wiedersehen. Dieser Teil deines Lebens bleibt ohne Fortsetzung, er ist abgeschlossen.« Dem gesellte sich die Furcht vor der Endlichkeit zu. Einige Tage begleitete sie mich wie der Schatten das Sonnenlicht, bevor die Verdrängung ein Einsehen hatte und sie vorläufig wieder aus dem Gedächtnis nahm.

Ein Nachbar, einst ein umtriebiger Geist, der die Welt weit bereist hatte, mag sich kaum mehr aus unserem engen Viertel, in dem er sich zur Ruhe gesetzt hat, fortbewegen. »Es sind nicht die Beschwerlichkeiten, die Reisen notwendig mit sich bringt«, begründet er seine neue Sesshaftigkeit. »Die kann ich mir mittels einer gut bemessenen Rente vom Leib halten. Im Gegenteil: Es gibt kaum einen Ort, der dem Paradies so nahe kommt wie ein geräumiges Zimmer in einem erstklassigen Hotel mit seinen dienstbaren Geistern und der täglich frischen Bettwäsche, ganz zu schweigen vom sauberen Bad und der Minibar im Schrank. Recht besehen ist jeder ein Gast auf diesem Planeten, und nirgends bist du so perfekt zu Gast wie in einem vorzüglichen Hotel.«

Wir saßen im Café auf der gegenüberliegenden Seite meiner Straße. Vier junge Leute hatten es kürzlich übernommen und mit alten Sesseln in den seltsamen Farben der Sechzigerjahre eingerichtet. Sehr bequem auch für alte Leute, denen selbst das Sitzen schwerfällt, abgesehen von den Nöten beim Aufstehen, wenn die kraftlosen Schenkel den Übergang vom Sitzen zum Stehen kaum mehr schaffen wollen. In der Ecke gegenüber einer prächtigen Kaffeemaschine, an der ständig herumgeputzt wurde, stand sogar ein Sofa, und auf dem hatten wir uns niedergelassen.

»Es ist der Abschied, der mir das Reisen verleidet hat«, nahm mein Freund den Faden erneut auf. »Vor etwa zwei Jahren war ich wieder mal ein paar Tage im ›Oriental‹. Du kennst es?«

Ich kannte es nicht.

»Schau im Internet nach, und du wirst wissen, wovon ich rede. Es ist das beste Hotel Asiens und eine Legende. Bei meinen früheren Besuchen war ich stets leichten Herzens geschieden, im sicheren Bewusstsein, eines Tages zurückzukehren, um wieder die 723, mein Lieblingszimmer, in dem bereits Somerset Maugham und Rudyard Kipling übernachtet hatten, in Besitz zu nehmen. Diesmal aber beschlich mich ohne erkennbaren Grund das unbehagliche Gefühl, es könne mein letzter Besuch gewesen sein, weil es mir nicht vergönnt sein würde zurückzukommen. Einige Wochen später dasselbe Gefühl an einem anderen Ort. Diesmal jedoch stärker und verbunden mit einer ziellosen Furcht vor nichts. Diese Beklommenheit wurde mir bei meinen Reisen und Ausflügen nach und nach zur ständigen Begleitung. Es graute mir. Schließlich wurde der Schrecken so lästig, dass ich mich zur Wehr setzte, indem ich sesshaft wurde. Wenn ich heute vor die Tür gehe, um beim Kiosk gegenüber Zeitungen oder Zigaretten zu kaufen, kann ich sicher sein, dass er am nächsten Tag noch dort ist. Das gibt mir eine Ruhe, die ich in der Ferne nicht mehr gefunden habe. Die Heimat war uns einst fremd geworden und die Welt zur Heimat. Jetzt kehren wir zurück.«

Ich nickte und erzählte, wie es mir ähnlich ergangen war.

»Das hilft natürlich nicht auf Dauer«, fügte er bekümmert hinzu. »Im Grunde genommen sterben wir ein wenig bei jedem Abschied, und die Zahl der Abschiede steigt ständig. Ich bin neulich durch meine Bibliothek gegangen und habe eine ganze Reihe von Büchern entdeckt, die ich nie wieder in die Hand nehmen, geschweige denn lesen werde. Den *Mann ohne Eigenschaften* zum Beispiel, von der *Suche nach der verlorenen Zeit* gar nicht zu reden.«

»Thomas Mann?«, warf ich ein.

»Ich nehme keine Bücher mehr zur Hand, die schwer wiegen, und der ›Joseph‹ gehört dazu. Sie stehen bei mir herum wie Götzen einer untergegangenen Zeit. Ach Gott, und dann der ganze gesellschaftskritische Kram. Der ist bei mir immerhin in Zweierreihen untergebracht, sodass ich die Hälfte nicht mehr mitkriege. Soll ich noch mal die ›Frankfurterei‹ lesen? Wozu? Alles nur noch Dekor und Schmuck. Schmuckbücher!« Er lachte unfroh. »Ich habe überlegt, sie zu entsorgen, aber das hätte bei jedem Buch Abschied für immer bedeutet. Schließlich habe ich resigniert. Jetzt stehen sie weiter nutzlos im Regal, und meine Erben werden sich um sie kümmern müssen.«

»Die werden sich damit bei Amazon ein paar Euro hinzuverdienen.«

»Eher nicht. Wenn ich mit einem Buch durch bin, sieht es aus wie ein Schlachtfeld. Ich male und streiche und kommentiere hemmungslos, in einer Schrift, die ich selbst nicht lesen kann. Damit wirst du kein Geld mehr machen. Wahrscheinlich endet meine Bibliothek im Altpapiercontainer. Wie sehen deine Bücher aus, wenn du sie gelesen hast?«

»Kleine Bleistifthäkchen.«

»Mehr nicht?«

»Mehr nicht!«

»Dann hast du nichts verstanden, und deine Lektüre war ein Leben lang umsonst. Tragisch!« Er sah mich mitleidig an. »Liest du noch aktuelle Autoren?«

Ich schüttelte den Kopf.

»Ich auch nicht. Lohnt nicht mehr. Es ist zu viel Zukunft in ihnen. Die meisten sind zudem vergessen, bevor du das Buch aus der Hand legst. Sie sind zwischen uns kein Gesprächsstoff mehr, und die Jungen behalten ihre Leseerfahrungen für sich. Recht haben sie. Bringt keinem was.« Mir wurde unbehaglich bei diesem Übermaß an melancholischem Durchblick. Im Alter wird man empfindlich gegenüber der Wahrheit und erträgt sie nur noch in therapeutischen Dosen.

»Mir ist aufgefallen«, fuhr er fort, »dass die Wohnungen unserer Freunde mit den Jahren immer voller werden. Einst sparsam geplante Einrichtungen, nebst einigen sorgfältig platzierten Gegenständen, wirken inzwischen wie ein schlecht sortiertes, übervolles Antiquitätengeschäft. Kommoden, Bücherregale, Vitrinen, Beistelltische, Fenstersimse sind überladen mit Vasen, Blechspielzeug, Tontöpfen, Bilderrahmen, Nippes, nicht zu vergessen Muscheln, Kieselsteinen und Eintrittskarten, die in den knappen Zwischenräumen Platz gefunden haben. Alles Merkzettel aus vergangenen Zeiten, jeder für sich scheußlich, aber voller Erinnerungen, die aus einem halben Steinmännchen oder einer vertrockneten Krabbe ansehnliche und bedeutungsvolle Gegenstände machen.«

»Erlöschen die Erinnerungen eigentlich, wenn man den ganzen Kram entsorgt?«, unterbrach ich ihn. Er hatte recht: Das einst sichere Auge und solide Gefühl für Dinge, die zusammenpassen, weichen im Alter einer gemütlichen Gleichgültigkeit äußeren Erscheinungen gegenüber. Der gute Geschmack, das Gespür für die rechten Dinge am rechten Ort, wird uns zu anstrengend. Statt der einst detailverliebten Akkuratesse herrscht in unseren Wohnungen ein Durcheinander kurioser Sammlungen, die sich ausbreiten wie Unkraut.

Die Ursache der wunderlichen Vielfalt, die im Alter die kultivierte Einrichtungskultur von einst zu verdrängen droht, ist die Weigerung, Abschied von Erinnerungen zu nehmen. Die schlichte Muschel haben die Enkel an der Nordsee aufgelesen. Der verrostete Stacheldraht vom Westwall am Atlantik erinnert an einen Onkel, der dort gefallen ist. Die vergilbten Eintrittskarten sind von der Rodin-Ausstellung in Berlin, die beschädigten Übertöpfe stammen von der Hochzeitsreise nach Mallorca. Dazwischen bewegt sich mit dem unsicheren, flachen Gang alter Leute der Gebieter über diese Schätze. Sie sind die Schlüssel zu seiner Vergangenheit. Jeder Blick auf sie ruft weit zurückliegende Erlebnisse in sein Gedächtnis zurück.

Was aber tun mit all den Büchern, den vielen ungelesenen und den wenigen gelesenen?

»Mülltonne geht gar nicht«, sind wir uns einig.

Bücher, selbst wenn sie seit Jahren friedlich im Regal standen, können eine lästige Präsenz entwickeln, denn sie erinnern ständig daran, was man *nicht* mehr lesen und welche Pläne man *nicht* mehr verfolgen wird. Einige von ihnen haben mich ein Leben lang begleitet, jetzt haben sie sich von mir verabschiedet. Ich brauche sie nicht mehr, und sie brauchen mich schon gar nicht. Die Blauen Bände, soziologische Fachbücher oder Dostojewskis ewig schlecht gelaunter Raskolnikow sind langsam, ohne bewusste Entscheidung, aus meinem Leben ausgeschieden. Gehört dieser Teil meiner Vergangenheit überhaupt noch zu mir?

Neben Sofa, Tisch und Poster an der Wand war das Bücherregal zu unseren Zeiten der wichtigste Einrichtungsgegenstand und Heimstatt ansehnlicher Bibliotheken, garniert mit gebundenen, kostspieligen Gesamtausgaben. Man konnte gelegentlich schon ins Grübeln kommen, wie diese Pracht bei unseren häufig geringen Einkünften als Studenten zustande gekommen war.

»Einige von ihnen sind unter ungewöhnlichen Umständen erworben worden, das ist wahr«, erinnert sich der Nachbar. Das Fernsehen spielte damals kaum eine Rolle und gesellte sich erst Jahre später zu unserem Alltag. Meinen ersten Schwarz-Weiß-Apparat kaufte ich aus zweiter Hand in den Sechzigern, wegen der ZDF-Hitparade und der ARD-Sportschau.

Wenn wir eine fremde Wohnung betraten, fiel unser erster Blick auf die Bücherwand, denn die verriet mehr als alle Worte über den Gastgeber. Sie gab Auskunft über dessen kulturelle Vorlieben, sein Stilempfinden, nebst thematischen Interessen und politischen Überzeugungen. Das war genügend Stoff für jedes gepflegte Gespräch.

Für reale Abenteuer in fernen Ländern fehlte uns das Geld. Die Entdeckungen jedoch, die ich in meiner Zwölf-Quadratmeter-Studentenheimbude beim Lesen gemacht habe, und das Herzklopfen, verursacht durch plötzlichen Durchblick oder unerwartete Einsicht, konnten es mit jedem Löwentreffen in der namibischen Wüste oder jedem Vulkanausbruch auf Java aufnehmen.

Mit der Zeit lässt das Abenteuergefühl bei der Lektüre leider nach, irgendwann verschwindet es gänzlich. Ich habe das stets als großen Verlust empfunden. Billiger, schneller und nachhaltiger sind Geist und Blut nie wieder in Wallung geraten.

Was aber tun, um den ebenso verstaubten wie entbehrlichen Zierrat loszuwerden? Mein Nachbar schlägt vor, erst einmal für jedes neue Buch ein altes zu entsorgen. Seine Frau winkt ab. »Er schummelt!«

Wir haben uns am Ende darauf geeinigt, vorläufig »nichts zu tun«, was ohnehin am ehesten unserer Befindlichkeit entspricht. Wir werden wie bisher die Stapel, denn die Regale sind längst übervoll, weiter erhöhen und vermehren, in der verdrängten Gewissheit, dass unsere Nachfahren eines fernen Tages das Problem in der Altpapiertonne lösen werden.

Wir haben Abschied eben nicht gelernt. Ich auch nicht. Ankunft kann ich, Abschied weniger. Unsere ganze Generation hat Schwierigkeiten mit dem Lebewohl. Wir waren ständig unterwegs. Ankünfte waren unser Ding. Die sind freilich seltener geworden, und statt ihrer steht jetzt der Abschied, mit dem wir wenig anzufangen wissen, auf der Tagesordnung. Wir meiden ihn, solange wir können. Aber irgendwann gibt es kein Entrinnen mehr, denn leben heißt, aufs Ganze gesehen, Abschied nehmen.

Man würde gerne bleiben, denn jeder neue Tag bezeugt, wie schön es hier ist. Jede Überraschung und neue Erfahrung bindet uns fester ans Leben und erschwert den Abschied. Deswegen ist ein gleichförmiges Leben in enger Umgebung der Platz, den wir Alten instinktiv suchen, so wie der Bär die Höhle im Herbst.

»So, jetzt weißt du, warum ich seit einiger Zeit unser

kleines, ranziges Kaffee an der gegenüberliegenden Ecke mit den Fleischsalatbrötchen und Containerrühreiern jeder glänzenden Metropole vorziehe«, beendete mein alter Freund und Nachbar seine Überlegungen und fügte hinzu: »Meide die Fremde und bleibe daheim, zumindest, wenn du in die Jahre gekommen bist.«

CHEAP THRILLS

»Cheap Thrills« war eine Kolumne in der New Yorker Zeitschrift *Village Voice*, in der kostenlose, zumindest billige, meist kulturelle Veranstaltungen annonciert wurden. Vielen Alten wird der Beutel schmal. Sie sind fortan auf bezahlbare Formen der Zerstreuung angewiesen: Fernsehen, Gespräche, Rentnerrabatte, frische Luft, Hoffeste, Parkbänke und einige der entbehrlichen, gleichwohl kostbaren Zugaben, mit denen uns die Natur über das Lebensnotwendige hinaus ausgestattet hat.

Die Rede ist vom Lachen, das Kant etwas umständlich, vermutlich aber korrekt, definiert hat, als »eine inwendige körperliche Bewegung …, die unwillkürlich fortdauert als wechselseitige Anspannung und Loslassung der elastischen Teile unserer Eingeweide, sich dem Zwerchfell mitteilt …, wobei die Lunge die Luft mit schnell aufeinanderfolgenden Absätzen ausstößt«. Philosophie in praktischer Absicht eben.

François Rabelais von jenseits des Rheins befindet dagegen knapp:»Rire est le propre de l'homme« – das Lachen ist dem Menschen eigen.

KBW, dem wir eine Reihe unvollendeter Arbeiten zu den unterschiedlichsten Themen verdanken, hatte einst auch über das »Lachen« gearbeitet. Er hat mir erlaubt, aus seinem Zettelkasten, dem ich die folgenden Überlegungen entnehme, zu naschen.

Das Lachen gehört, wie Musikalität oder die Begabung zur Freiheit, zu jenen Dreingaben, die von der Natur ohne ersichtlichen Grund der Menschheit in die Wiege gelegt wurden. Es folgt keiner funktionalen Kausalität und wehrt sich seit je erfolgreich gegen jede Form der eindeutigen Zuordnung. Der Mensch ist schlicht die »lachende Kreatur«. Den alten Griechen fiel als Ersten auf, welch erstaunliche Gabe uns mit dem Lachen in den Schoß gefallen war. Sie interessierte vor allem, ob die Götter lachten, denn von deren Lachen erhoffte man sich Aufschluss über das eigene. Sie tun es!

»Unermessliches Lachen erscholl bei den seligen Göttern«, heißt es in der »Ilias«, »da sie den (lahmfüßigen) Hephaistos sich tummeln sahen im Saale.« Damit war gleich zu Beginn eines der wesentlichen Motive für unser Lachen verraten: die Schadenfreude.

Das Christentum konnte erwartungsgemäß wenig mit der kostbaren Naturgabe, die ohne erkennbares Zutun des himmlischen Vaters gewährt worden war, anfangen. Lachen als vergnügliches Moment und heiterer Genuss im Augenblick passte nicht in einen Existenzentwurf, dem das Diesseits nur die erbärmliche Vorstufe zum Jenseits ist. »Selig, die ihr jetzt weint, denn ihr werdet lachen« (Lukas 6,21). Erst im Paradies soll es dann entspannter zugehen, denn dort wird man »frohlocken und jubeln auf ewig« (Jesaia 65,17). Was bezeugt, wie wenig das Christentum vom Lachen, das stets nur auf kurze Dauer angelegt ist, verstand.

Ob Jesus lachen konnte, beschäftigte später die Scholastik, jenes intensive christliche Grübeln, das, ganz entgegen den ursprünglichen Absichten, den Niedergang des Christentums einleitete. Denn wer sich vom Gefühl lossagt und der Reflexion anschließt, dem wird der Zweifel eines Tages zum ständigen und bedrohlichen Begleiter.

Da Gott in seinem Sohn Mensch geworden war, musste er wohl in der Lage gewesen sein zu lachen. Er scheint jedoch keinen Gebrauch davon gemacht zu haben. Wir kennen jedenfalls keine Bibelstelle, in der Jesus lacht. Die Gelehrten des Mittelalters haben sich schließlich darauf geeinigt, dass Jesus zwar lachen konnte, aber dazu im Laufe seines kurzen Lebens keine Gelegenheit fand.

Gescherzt und gelacht wird in der Heiligen Schrift indes am Ort des Grauens, unter dem Kreuz, wo die Folterknechte allerlei Schabernack mit ihrem wehrlosen Opfer treiben. Sie gaben ihm »ein Rohr in seine rechte Hand, beugten die Knie vor ihm und verspotteten ihn und sprachen, gegrüßet seist du, der Juden König« (Matthäus 27,29). Man kann sich das laute Gelächter der rohen Soldaten, die dabei waren, Gottes Sohn zu kreuzigen, gut vorstellen. Davon hat sich das Lachen in der christlichen Welt nie mehr erholt.

Selbstredend gab es auch unter den ernsthaften Christen Vertreter eines unerschrockenen Humors, selbst in unkommoden Situationen. Als der heilige Laurentius am 10. August 258 nach Christi Geburt in Rom auf dem Märtyrergrill hingerichtet wurde, forderte er seine Peiniger heiter auf: »Dreht mich noch mal um, auf der anderen Seite bin ich noch nicht durch.« Sein Witz blieb indes die seltene Ausnahme, und es sollte weit über tausend Jahre dauern, bis die Aufklärung das Lachen aus den Fesseln des Christentums befreit hatte.

Wenn die Vermutung zutrifft, dass dem Lachen stets ein Moment der Überraschung eigen ist, dann hätte Gott ohnehin nichts zu lachen, denn was hätte den allwissenden Schöpfer je überraschen können? Auch die Moderne beschäftigte sich von Beginn an, ohne indes zu endgültigen Ergebnissen zu kommen, mit dem rätselhaften Talent. Schließlich befand Charles Darwin: »Im Lachen scheint der Mensch nicht auf irgendein biologisch nützliches Handeln abgestellt zu sein.« Will heißen: Das Lachen kann nicht den Gesetzen der Auslese unterworfen gewesen sein, sondern ist eine spontane, zufällige Dreingabe der Natur. Es ist zwar ungebundenes Rohmaterial, hat jedoch im Lauf der menschlichen Entwicklung nebenbei zahlreiche sinnvolle Aufgaben übernommen.

Der amerikanische Dramatiker Neil Simon, der eine schwierige Jugend inmitten der turbulenten Ehe seiner Eltern verbrachte hatte, erinnerte sich noch Jahrzehnte später in seiner Autobiografie »Rewrites« an die wenigen Male, in denen in seiner Familie gelacht wurde. Das seien »Glücksmomente« gewesen, »denn sie bedeuteten Sicherheit«. Damit hat er präzise eine wesentliche soziale Funktion des Lachens beschrieben: Wer lacht, prügelt nicht und schießt selten. Lächeln ist ein Friedensangebot und entschärft angespannte Situationen.

Lachen ist zudem ein vorzüglicher sozialer Klebstoff. Es lacht sich gut allein, aber besser noch mit Gleichgestimmten. Wenig nur verbindet für kostbare Augenblicke zwei Menschen so tief und unvergesslich wie ein herzliches

Lachen über einen gemeinsamen Anlass. Zwei, die miteinander lachen, können auch unüberwindbare Gegensätze lösen.

Im Kern bedeutet Lachen Ausgelassenheit, Glücksgefühl, Übermut und Lust. Es ist leicht zur Hand und hilft für kurze Augenblicke, ein Leben erträglicher zu machen, das häufig genug seinem Inhaber Sorgen bereitet. In dieser Vielfalt ist das Lachen als Dauergeräusch jüngst allerdings unter die Räder der Unterhaltungsindustrie geraten, die mit unserem Bedürfnis zu lachen seither glänzende Geschäfte macht. »Wir amüsieren uns zu Tode«, befürchtete Neil Postman vor vier Jahrzehnten, und die »Frankfurterei« assistiert: »Fun ist Stahlbad.« Aber die spontane und lustbetonte Dreingabe der Natur scheint mit festem Faden gewebt und hat sich noch immer zäh jeder Vereinnahmung zu erwehren gewusst. Lachen ist pure Anarchie und deswegen gänzlich ungeeignet zur Domestizierung.

Gelacht wird im und aus dem Gesicht, einer Landschaft von atemberaubender Vielfalt. »Es gibt keinen anderen Teil des Universums, wo man auf so engem Raum so viel rasche und zugleich fließende Veränderungen der Szenerie finden kann und ein gleich breites Spektrum subtil abgetönter Bewegungen«, stellt Norbert Elias etwas atemlos fest. Von ähnlicher Reichhaltigkeit ist folglich unser Lachen und sein Widerhall in unserer Sprache. Wir kichern, glucksen, grinsen, feixen, prusten, platzen heraus oder lachen hell auf. Wir schmunzeln, jauchzen, strahlen, lachen uns schief, tot oder kaputt. Und das ist nur eine kleine Auswahl.

Man darf also annehmen, dass sich alte Menschen, knapp bei Kasse, aber gesegnet mit freier Zeit, häufig des ungezwungenen Behagens bedienen, das zu jedem Augenblick günstig zu haben ist und keiner körperlichen Anstrengung bedarf, denn das Lachen macht uns eine Welt gemütlicher, die droht, ungemütlich zu werden.

Wir machen tatsächlich gerne Gebrauch von dem noblen Geschenk der Natur, allerdings auf unsere Weise: Wir lachen länger, verhaltener und zu anderen Anlässen als in jüngeren Jahren. Unserem Lachen sind die Anarchie und das Unbändige abhandengekommen. Wir lachen ernsthafter und mit Bedacht.

Die Jüngeren lachen über die Pointen von Stand-up-Comedies, deren Geheimnis die Überraschung ist. Mit deren zupackendem, kurzem Witz kommen wir nicht mehr zurecht. Er geht uns zu schnell. Wir brauchen Zeit, um uns in der Überraschung zurechtzufinden, und bis wir so weit sind, hat sich die Pointe, wie der Blick aus einem vorbeifahrenden Zug, verflüchtigt.

Die zurückhaltende, aber nicht weniger wirkungsvolle Zwillingsschwester des Lachens ist das Lächeln. Alle Beziehungen, von ein paar Ausnahmen abgesehen, beginnen mit einem Lächeln, das jedes Gesicht im Handumdrehen schön macht. In einer Anleitung zum Small Talk heißt es: »Begrüßen Sie Fremde stets mit einem Lächeln«, und weiter: »Ein Lächeln ist die Pforte zur Gemeinsamkeit.«

Der scheue Wink zählt in unendlichem Formenreichtum zu den mächtigsten Gesten, über die wir verfügen. Seine laute Schwester, das Lachen, ist im Vergleich dazu aus grobem Holz geschnitzt. Das Lächeln hingegen vermittelt kleinteilige, gleichwohl gewichtige emotionale Botschaften. Es kann unendlich viel bedeuten, von der Verführung über die Sympathie bis hin zur tödlichen Kälte des Mafioso. Meist aber wärmt es das Herz, schafft Vertrauen und Eintracht und ist das einfachste Mittel, sich einen Fremden im Handumdrehen für den Augenblick gewogen zu machen.

Das Lächeln des anderen muss jedoch gelesen werden, und das will gelernt sein. Wer nicht aufgepasst hat und seine Bedeutungen nicht entziffern kann, wird falsch reagieren und zerstören, was sich gerade anzubahnen schien.

Wir lächeln viel zu selten!

Eine befreundete Krankenschwester, die in der Onkologie einer großen Klinik arbeitet, versicherte mir, dass Sterbende kurz vor dem Ableben freudig überrascht lächeln, so als ob sie nach langer Zeit einen guten Bekannten wiederträfen. »Wenn sie mich aus ihren Kissen plötzlich anlächeln, weiß ich, es geht zu Ende. Sie treffen gerade einen neuen Freund, der ihnen nun nicht mehr von der Seite weichen wird: ihren Tod.«

Bei mir im alten Osten Berlins, zwei Straßenecken weiter, hat eine Kneipe namens »Tills Tresen« den Sturm der allgemeinen Instandsetzung überlebt. »Tills« wird von einem alten Ehepaar betrieben, das einst seinen Frieden mit dem System gemacht hatte, ohne indes zu Verrätern zu werden. »Was blieb uns denn anderes übrig?«

Man nickt und schweigt besser.

An der kleinen Theke gibt es kalte Buletten mit Senf, Soleier und süßen Wein von der Mosel. Die beiden Wirtsleute erzählen gerne mit leichter Wehmut von den Zeiten, als die Danziger Straße noch Dimitroffstraße hieß und der Mangel an allem die Menschen freundschaftlich zusammenbrachte.

Gelegentlich sitze ich dort auf einem hohen Barstuhl, trinke Bier und schaue abwesend auf den Fernseher über mir, der zwar ständig läuft, aber noch nie einen Ton von sich gegeben hat. Jedes Mal rätsle ich aufs Neue, welchen Zweck er wohl erfüllen mag.

»Der alte Zedluschek war schon lange nicht mehr hier, fehlt dem was?«

»Der ist die Landsberger hochgezogen.«

»Ach, der auch?«

Ich nicke.

»Er war der Letzte von uns in eurem Haus. Selbst das dunkle Loch im zweiten Hinterhof habt ihr ihm nicht mehr gelassen!«

»Er soll jetzt fließend Wasser in seiner neuen Wohnung haben!«

»Und ein Klo für sich allein. So sieht der Fortschritt aus. Kalt oder warm?«

»Weiß ich nicht. Ich denk, beides. Wir haben umgebaut und in seiner ehemaligen Wohnung die Mülltonnen untergebracht.«

»Zedlu muss dem Müll weichen? Hättet ihn doch gleich dazupacken können.«

Auf dem Bildschirm erscheint eine dunkelhaarige Moderatorin, die lässig auf einem endlosen roten Sofa sitzt. Sie lacht. Ich weiß nicht, warum, denn das Gerät bleibt stumm.

Im Hintergrund des Raumes befindet sich ein runder Tisch, an dem beengt acht Leute Platz finden können. In seiner Mitte steht ein Aschenbecher, über dem zwischen zwei kunstvoll ineinander verschlungenen Stelen ein kleines Schild mit der Aufschrift »Stammtisch« hängt. Um den Tisch tagen, eine ganze Weile schon, heute Abend vier Frauen und drei Männer jenseits der siebzig. Sie kennen sich offenbar seit Jahren. Der Lärm, den sie machen, eine wilde Mischung aus Erzählungen, Zwischenrufen und immer wieder langem, lautem Lachen, lässt kaum Raum für andere Geräusche.

Ich schaue von der Höhe meines Barstuhls auf die kleine Runde hinab und fühle mich in dem Getöse wohl wie in warmem Badewasser. Ihre Erzählungen aus einer gemeinsamen Vergangenheit haben keine Pointen und selten echten Witz. Trotzdem wird jede mit anhaltendem Lachen begrüßt und begleitet. Sie müssen die Geschichten schon häufiger gehört haben, denn sie lachen bereits nach wenigen Worten oder ergänzen diese, wenn der Erzähler droht, nicht mehr gegen den Lärm anzukommen. Dabei halten sie sich eng ans Schickliche, starken Tobak wird man nicht zu hören bekommen. Hier wird nicht diskutiert oder analysiert. Hier wird gefeixt, gekichert und herausgeplatzt.

Kein Mensch, mit Ausnahme von erfahrenen Ehefrauen und Alten, lacht mehrmals über denselben Witz. Die fröhlichen Sieben zu meinen Füßen tun genau das. Trotzdem wirkt ihr Gelächter spontan und unverkrampft, obwohl der eine oder andere von ihnen vermutlich nicht mehr viel zu lachen hat.

Was immer ihre tägliche Bürde sein mag, und jeder alte Mensch trägt eine solche in unterschiedlichem Gewicht mit sich herum, sie geht für einen Stammtischabend im

Gelächter und Eifer des Erzählens unter. Für glückliche Stunden zieht sich jene Melancholie zurück, die sich vielen im Alter als ständige Begleitung angeschlossen hat. Solange sie um den runden Tisch bei »Tills« zusammensitzen, sind sie, beflügelt vom gemeinsamen Vergnügen, Komplizen auf ihrem Weg durch eine Gegenwart, von der einige nicht mehr viel zu erwarten haben.

Die Frauen in der kleinen Runde unter mir sind nach Augenschein um jene Dekade jünger, die sie durchschnittlich nach den Männern sterben. Sie sind lauter und aktiver. Ihr Lachen ist länger und durchdringender. Wenn eine der seltenen Pausen entsteht, greifen sie unverzüglich ein und halten das Getöse in Schwung. Die Männer sind ruhiger. Ab und zu verliert sich ihr Blick für kurze Momente in der trüben Ausdruckslosigkeit des inneren Rückzugs. Die Temperamente ihrer Begleiterinnen holen sie jedoch schnell wieder ins turbulente Geschehen zurück.

Wer meint, Alte hätten nichts mehr zu lachen, wird bei »Tills« jedenfalls eines Besseren belehrt.

Manchmal schon hatte ich gehofft, sie würden mich auffordern teilzuhaben. Meine vorsichtig angedeutete Bereitschaft, mich ihrer Runde anzuschließen, haben sie jedoch nie zur Kenntnis genommen oder absichtlich übersehen. Sie spüren vielleicht, dass mir Ironie, die »monologische Form eisiger Distanz«, nicht gänzlich fremd ist, und die würde tatsächlich am Stammtisch stören. Also bleibt es bei der »teilnehmenden Beobachtung« aus sicherer Distanz.

Das Lachen begleitet uns bis zuletzt und verglimmt nach und nach, wie spät am Abend die Glut in der Kaminasche.

Vor einigen Jahren habe ich aus beruflichen Gründen viele Stunden in der Dementenabteilung eines Altenheims verbracht. Von den Patienten dort war häufig wenig übrig geblieben. Meistens starrten sie mit versteinerten Mienen auf das Tischtuch vor ihnen. Die Gesichtszüge schienen reglos, wie in Beton gegossen, und waren kaum mehr in der Lage, Wärme, Freude oder Begeisterung auszudrücken, mit Ausnahme eines schüchternen, vergnügten Lächelns, das sich gelegentlich auf den leblosen Gesichtern ausbreitete. Es kam stets ohne erkennbaren Anlass, offenbar aus den Tiefen ihres Inneren, zu dem wir keinen Zutritt haben. Dann lösten sich die erstarrten Muskeln und Sehnen, und es entstand ein listiges, warmes Schmunzeln, als ob sie dem Elend einen Streich gespielt hätten. Manchmal schauten sie, in der Furcht, bei verbotenem Tun ertappt zu werden, verschmitzt und stolz um sich. In der kleinen, flüchtigen Gesichtsgeste war ihr ganzes restliches Menschsein aufgehoben. »Es sind diese kurzen Momente, die den Beruf hier erträglich machen«, erklärte mir die Krankenschwester, die auf der Station Dienst hatte.

Recht besehen gibt es im Leben von alten Menschen oft wenig zum Lachen, deshalb schaffen wir uns die Anlässe selbst. Freilich, viel Neues geschieht uns nicht mehr. Deswegen greifen wir auf die Vergangenheit zurück und auf ihren Schatz an Schnurren, Anekdoten und ungeheuren Begebenheiten. Wir rufen sie ab, sobald uns nach Fröhlichkeit zumute ist, wobei die Qualität der Darstellung keine Rolle spielt, denn wir kennen die meisten Geschichten Wort für Wort. Häufig hören wir gar nicht zu, wenn jemand eine der gut abgehangenen Eseleien oder Jugendsünden zum

Besten gibt. Wir warten auf das Stichwort und brechen in Gelächter aus. Das klingt trist, ist es auch gelegentlich, aber besser als das Gegenteil, die griesgrämige Miene.

Auch die GvD hat wie jede Gruppe ihren eigenen Vorrat an Geschichten und Begebenheiten, die uns zum Lachen bringen, selbst wenn wir sie nicht zum ersten Mal hören. Witze erzählen wir indes selten, denn deren Wirkung hängt auch von der Kunst der Präsentation ab, und die beherrscht keiner von uns. Wir wissen aber von einer Gemeinschaft, die einen begnadeten Witzbold in ihren Reihen hat. Dort steht der Witz hoch im Kurs. Wir dagegen schätzen scharfkantige, spontane Einwürfe, die anspruchslose Gespräche aus ihrer Eintönigkeit reißen und unversehens für gefährliche Spannungen sorgen können. Diese gepfefferten Repliken rufen Erregung, Angst und leichten Schrecken im ruhigen Fahrwasser unseres Alltags hervor. Wir grinsen, weichen geübt zurück und führen das Gespräch fort, als ob nichts geschehen sei – wenn man von den Abgründen absieht, die sich kurz aufgetan haben.

Einmal im Monat esse ich zusammen mit einem ehemaligen Kollegen bei einem Italiener, der eigentlich aus Tunesien kommt, zu Mittag. Wir bestellen Spaghetti mit Tomatensoße, bedienen uns üppig aus der Hartkäseschale, trinken Roten, lassen die alten Zeiten aufleben und wundern uns über die unbegreiflichen Personalentscheidungen der Funkhäuser, in denen wir vor vielen Jahren unser Geld verdient haben. Nichts bleibt, wie es war, im Gegenteil: Es wird immer schlechter. Aber uns fragt ja keiner mehr. Es ist zum Verzweifeln!

Irgendwann erzählte ich beiläufig, dass ich im Rahmen dieses Buches begonnen hatte, über »Fragen« nachzudenken. Er schwieg nachdenklich und schaute mich von der Seite an.

»Erzählst du mir das aus einem bestimmten Grund?«

»Ausschließlich dem, dass ich vor vielen Jahren gerne meinen Schreibtisch geräumt habe.«

Das war natürlich gelogen. Tatsächlich war mir irgendwann aufgefallen, dass mein Gegenüber während der vielen Jahre, die wir nun schon gemeinsam zum tunesischen Italiener gehen, mir keine einzige Frage gestellt, indessen stets eifrig und ausführlich von seinen eigenen Plänen und vergangenen Heldentaten erzählt hatte.

Die Frage ist im Deutschen entweder ein einfacher Hauptsatz mit vorangestelltem Verb oder wahlweise ein Hauptsatz mit vorangestelltem Fragewort.

»Ist der Feldsalat bei LIDL bio oder konservativ angebaut?«

»Was kosten die verschmutzten Karotten beim Rapunzel um die Ecke?«

Fragen sind zwar sprachlich schlichtes Tagwerk, aber im Gegensatz zu anspruchsvolleren Anekdoten, Schmeicheleien oder gar Ratschlägen der Königsweg zum »Anderen«. Fragen sind die einfachste und billigste Art und Weise, ins Gespräch zu kommen, um aus Fremden Bekannte zu machen. Trotzdem sind sie so selten wie Störche im Winter.

Dabei ist das Fragen untrennbar in das Gewebe der Moderne, also unserer Zeit, eingearbeitet. Mit ersten, noch vorsichtigen Fragen begann die Emanzipation aus den Traditionen des Mittelalters, die schließlich in der Aufklärung und der Entdeckung der Freiheit als Grundlage des menschlichen Zusammenlebens endete. Fragen sind das dynamische Prinzip des Denkens, so wie die Muskeln das des Körpers. Ihr Siegeszug durch die abendländische Geschichte bezeugt, welche ungeheure Energie dem Fragen eigen sein kann, vorausgesetzt, es wird kundig eingesetzt. Daher haben Fragen stets auch etwas Widerständiges, Bedrohliches.

Meine Generation schien einst an die alte Tradition des Fragens wieder anzuknüpfen. Freilich, sie hat nicht wirklich gefragt, sondern »hinterfragt«, und zwar »kritisch«. Das klingt ähnlich, bedeutet aber prinzipiell anderes. Wer kritisch hinterfragt, möchte nichts von einem Gegenüber wissen. Er möchte nachschauen, was sich hinter der vordergründigen Realität verbirgt. So zum Beispiel hinter der demokratischen Fassade die Herrschaft des Kapitals oder hinter der Meinungsfreiheit Medienmonopole.

Eine Zeit lang haben wir alles kritisch hinterfragt: den heimischen Schlager, die Autorität von Erziehern, das »System« nicht zu vergessen, die Vergangenheit der Eltern, den Konsum, das Handwerk der Friseure und das der Politiker sowie den deutschen Heimatfilm.

Irgendwann war alles hinterfragt. Das Leben ging trotzdem weiter wie zuvor, und das Hinterfragen kam wieder außer Mode. Das Fragen als Interesse am anderen ist offenkundig dadurch nicht populärer geworden.

Den Fragenden gibt es nur im kurzen Augenblick der Fragestellung. Unmittelbar danach nimmt er eine neue Rolle ein, nämlich die des Zuhörers, die durch eine ganze Reihe von Erwartungen und Geboten klar definiert ist.

Er soll stille schweigen, konzentriert zuhören und gegebenenfalls intelligent nachfragen. Der unvermeidliche Rollentausch, und damit verbunden die Pflicht zuzuhören, die jede Frage unerbittlich nach sich zieht, führt zu verhaltenem und vorsichtigem Umgang mit ihr.

Gibt es eine »Kunst des Fragens«? Neugier und Mitgefühl sind hilfreich. Desgleichen der sichere Gang zwischen Nähe und Distanz. Wer antwortet, gibt preis. Zur Frage gehört deswegen ein Gespür für die Intimitätsgrenzen, jenseits derer sich der Befragte bedroht fühlt und die Antwort verweigert. Ansonsten kann und soll munter drauflos gefragt werden. Es gibt keine »falschen Fragen« und genügend bewährte Methoden, unerwünschten auszuweichen.

Wir erkunden unser Leben, dieses seltsame, unbegreifliche Geschenk der Natur, unter anderem mittels Fragen. Wir fragen wie wir atmen. Wer keine Fragen mehr stellt, hat aufgehört zu atmen und zu leben. Wir Alten sind deswegen gut beraten, uns wieder an das Talent zur Frage zu erinnern. Auch um den Preis des Zuhörens, das uns schwerfällt, denn wir hätten selbst noch so manches zu erzählen. Wer an der Gegenwart teilnehmen will, wird um Fragen nicht umhinkommen. Sie sind das Handgeld im Umgang miteinander. Wer darüber verfügt, lebt leichter und klarsichtiger.

Wenn die Sprache auf rüstige Rentner kommt, die sich hochbetagt ohne Schwierigkeiten im Alltagsleben zurechtfinden, ist häufig von deren »Neugierde« die Rede. Die Gier nach Neuem – eine Wortschöpfung, wie sie nur der deutschen Sprache gelingt – war jüngst Gegenstand von verschiedenen Forschungsprojekten an der Universität von Kalifornien. »Neugier hält jung«, lautete zusammengefasst das Ergebnis. »Wer neugierig ist, trainiert seinen Dopaminhaushalt und hält sein Gehirn jung.«

Wer sich seine Neugier auch im Alter erhalten hat, dem fällt es leichter zu fragen. Leider ergeht es ihr ebenso wie der Gier: Sie wird im Laufe der Jahre schwächer. Aber man kann sich für sie, falls sie entschlafen sein sollte, bewusst entscheiden. Selbst wenn ein Interesse nur vorgetäuscht war – besser als die Stille ist es allemal.

KBW wurde kürzlich von Edith, einer ehemaligen Handarbeitslehrerin, der die Finger gichtig geworden waren, zu einem betagten gleichgeschlechtlichen Ehepaar mitgenommen. Für KBW war das eine ungewöhnliche Einladung, der er nur zögerlich zugestimmt hatte. Später erzählte er aufgekratzt, anfänglich habe er nicht recht gewusst, was reden, und einfach Fragen zu allem Möglichen gestellt, zugehört und weitere Fragen gestellt.

»Du hast zugehört?«

»Warum nicht?«

»Nur so!«

»Bevor ich es mich versah, war der Abend vorüber.«

Ob er auch zu Wort gekommen sei?

»Kaum, deswegen hatte ich später einen sitzen.«

Beim nächsten Mal sei er aber an der Reihe, Fragen zu beantworten.

Ich habe meine Freunde und Bekannten Revue passieren lassen und überlegt, wer von ihnen noch fragt. Mir ist so recht keiner eingefallen. Sie erzählen gerne, lange und lebhaft, gelegentlich amüsant und selten selbstironisch von sich selbst. Aber Fragen, die über Reiseziele und die Qualität neuer Restaurants hinausgehen, sind die Ausnahme. Einige haben mir seit Jahren keine Fragen mehr gestellt. Haben sie es verlernt?

Viele unserer Gespräche bewegen sich kultiviert auf einer Ebene, wo sie keinen Schaden anrichten können. Sie bleiben spurlos wie ein Geräusch, das schon im Augenblick seines Entstehens vergangen und vergessen ist. Zu Fragen, deren Antwort Bestand haben könnte, gehört jedoch das Wagnis, Schaden anzurichten. Das scheuen wir, von seltenen Ausnahmen abgesehen.

Es scheint, Fragen seien außer Mode gekommen. Das wäre fatal, denn das Interesse am anderen ist in jedem Alter wichtiger als das am eigenen Selbst. Wir werden zum »Ich im Du« und nicht zum »Ich im Ich«. Wer keine Fragen an seine Mitbewohner mehr hat, ist dabei, die Kladde seines Lebens zuzuschlagen, um sich endgültig zu verabschieden.

Es gibt Ratgeber für jeden denkbaren Winkel des menschlichen Universums, so auch ein illustriertes »Fragebuch« von solider Beschaffenheit im Postkartenformat, das man bei sich tragen soll, um Fragen wie »Haben Sie eine Putzfrau?« oder »Schon einmal einen Partnervermittlungsdienst ausprobiert?« parat zu haben. Andererseits warnt es eindringlich vor Fragen zu Politik und rät zu vorsichtigem Umgang mit dem Thema beruflicher Erfolg. Was bezeugt, auf welchem beklagenswerten Niveau unsere Fragekultur angekommen sein muss.

Eine Frage indes ist uns im Alter zum wortreichen Leibgericht geworden. Offiziell halten wir uns zwar zurück und behaupten gerne: »Ist kein Thema!« Tatsächlich jedoch denken wir unentwegt daran. Die Rede ist von unserer Gesundheit. Es vergeht kaum ein Gespräch zwischen alten Leuten, ohne dass sie zugegen wäre, denn wir werden ständig unsanft daran erinnert, wie zerbrechlich und vergänglich sie sein kann. Sie ist die kostbarste Habe, vorausgesetzt, sie ist noch in unserem Besitz. Ihr Fehlen bedeutet Leid und Siechtum. Das will ohne Unterlass besprochen sein.

Wir bemühen uns, aufs Jammern zu verzichten, das sind wir Stolz und Haltung schuldig, und tauschen uns stattdessen in gefasster Verzweiflung aus. Wir wehklagen nur ausnahmsweise und berichten und unterhalten uns im nüchternen Ton von Sachverständigen, die wissen, wovon sie reden. Im Fach Altersschäden macht uns keiner was vor. Das einzige Gebiet, auf dem wir auch spät noch hinzulernen und häufig eine gewisse Meisterschaft entwickeln, ist das der Hinfälligkeit.

Mit jeder neuen Schadensmeldung wird die Themenpalette reichhaltiger. Die leichte Arthrose im Knie war akademisch gesehen das Erstsemester. Ihr folgten ein verstopftes Herzkranzgefäß und der erste Eingriff in den Körper, später wird zufällig ein malignes Melanom entdeckt. Die notwendige Chemo vermittelt erste sinnliche Erfahrungen mit dem Weg zur Vergänglichkeit, von kleineren Schäden wie grauem Star und dem allmählichen Nachlassen der Sinne ganz abgesehen.

Der Mediziner studiert fremde Materie, wir in unmittelbarer Anschauung die unsrige. Wir werden zu Studenten der Vergänglichkeit und lernen am eigenen Körper. Bessere Studienbedingungen gibt es nicht. Über diese und unsere Erlebnisse bei den Ärzten tauschen wir uns ununterbrochen bis zum Ende aus. Wir werden deshalb keinen Tag älter und nicht die Spur gesünder, aber darum geht es auch nicht. Es geht um Trost. Denn das Leid der anderen lindert das eigene. Deswegen ist die Vergänglichkeit in ihrer verstörenden Vielfalt ein wesentlicher Teil des Gesprächsrepertoires eines jeden von uns.

Zu den »Cheap Thrills«, den erschwinglichen, zudem beständigen Lustbarkeiten, die uns die Natur geschenkt hat, gehört schließlich, einigermaßen kundig betrieben, der Eros. Ein Leben lang war er den Männern – über Frauen wage ich kein Urteil – ein ständiger, wenn auch nicht immer verlässlicher Begleiter. Alles zusammen genommen haben wir vermutlich über kein Thema so viel geredet, nachgedacht und geträumt wie über die Sexualität in ihrer abgründigen Vielfalt. Im Alter indes ist uns das Sujet irgendwie abhandengekommen. Es ist uns nur noch selten Gesprächsstoff, und wenn, dann im klagenden Ton des Verlustes.

Dem Geschäft der Fortpflanzung und mit ihm verbunden der Libido ist es im christlichen Schoß nicht anders ergangen als manch anderen Vergnüglichkeiten, zu denen uns die Natur befähigt hat. Von Beginn an wurde sie in eine dunkle Schmuddelecke des Alltags verbannt. Nur zum Anlass der Zeugung durfte sie für wenige Augenblicke in die Beletage. Keine geringe Leistung, wenn man bedenkt, dass sie, wie bei allen anderen Lebewesen auch, die einzige natürliche Bestimmung unserer Existenz ist. Zeitgleich mit der Entdeckung der »Freiheit« begannen wir, sie aus ihrer bigotten Gefangenschaft zu befreien und von zahlreichen Verboten und Geboten zu säubern. Seither überflutet sie unsere Gegenwart, ist in alle Poren des Alltags eingedrungen und zur preiswerten Lustbarkeit und Kurzweil für alle Schichten der Bevölkerung geworden.

»Die Erregung um ihrer selbst willen« ist inzwischen Lebenszweck. Aus dem gelegentlichen Zeugungsakt wurde Sex und seit der Erfindung der Antibabypille Ende der Fünfzigerjahre ein Konsumgut neben anderen.

Das intime Geschäft der Zeugung hat seine Unschuld verloren und sich zu einer wirtschaftlichen und sozialen Triebkraft von unerhörtem Ausmaß entwickelt. Ihre unwiderstehliche Kraft bezieht sie nur zum Teil aus dem kurzen Höhepunkt ihrer Erfüllung, sondern vor allem aus Gefühlen wie Begehren, Eifersucht, Lust, Macht- und Besitzgier, die sie vor sich herschiebt wie eine Bugwelle.

Die Phantasmen einer frei flottierenden Sexualität gehören zum Alltag der Moderne, dem sich auch die Alten nicht mehr entziehen können. Wir sind die erste Generation, die unter der Herrschaft des Eros die letzte Strecke gehen muss.

Wie finden wir uns in dieser Umgebung zurecht?

Wie überleben wir in einer Welt, die den Eros nicht mehr sittsam verbirgt, sondern an jeder Straßenecke herausfordernd zur Schau stellt?

Wie werden all die Schwerenöter, Schürzenjäger und Herzensbrecher damit fertig, dass ihre äußere Erscheinung, die stets eine wichtige Rolle bei allen Formen libidinöser Ausschweifungen gespielt hatte, reizlos geworden ist und ihren Zweck nicht mehr zu erfüllen vermag?

Was geschieht, wenn wir nicht mehr in der Lage sind, die Lebenslust leiblich in die Tat umzusetzen?

Wie verarbeiten wir, dass das Äußere der verfügbaren Partner, wie auch das eigene, sich immer weiter vom ständig präsenten Bild des begehrenswerten Körpers entfernt? Einst war die Sexualität Vorrecht und natürliche Pflicht der Zeugungsfähigen. Wer dem nicht mehr nachkommen konnte, durfte sich unauffällig und unbehelligt aus dem Geschäft zurückziehen. Uns jedoch lässt man nicht in Ruhe!

Häufig habe ich den Eindruck, wir Älteren wären ganz froh, die Kirche würde den Wildfang namens Eros wieder einfangen, in ihrem breiten Schoß zur Ruhe bringen und die Öffentlichkeit von seiner lärmenden Präsenz befreien. Doch dazu ist es zu spät. Die Flasche ist geöffnet und der Korken unauffindbar.

Ein weites Feld für endloses Nachdenken, möchte man meinen. Doch meine Generation, die Erfinderin der Redseligkeit zu allem, verstummt beim Thema Sexualität. Die Versuche, ins Gespräch zu kommen, sind gescheitert, wobei meiner Mitteilsamkeit ebenfalls enge Grenzen gesetzt sind, was das betrifft, und dem Gedankenaustausch kaum dienlich gewesen war. Die eindeutigste Reaktion war ein beredtes Schweigen, das mir knapp und ohne weitere Begründung signalisierte:»No-Go!« Als ob der Eros unauffindbar in einem schwarzen Loch verschwunden sei. Was der Wahrheit, recht besehen, ziemlich nahkommt.

Der lebhafte, oft grelle Trieb hatte einst eine ebensolche Sprache im Gefolge. Er war selten ein Sujet der leisen Töne gewesen, sondern äußerte sich häufig in starkem Tobak, anrüchigen Worten, nebst deren vielfältigen Spielarten von Anzüglich- und Zweideutigkeiten, von den Zoten der Maulhelden ganz zu schweigen.

Kommt das Thema heute zwischen uns zur Sprache, herrscht eine Zurückhaltung, die an Sprachlosigkeit grenzt. Zahlreiche Wörter, die uns einst locker über die Lippen gingen, scheinen gänzlich aus unserem Vokabular getilgt. Wir haben sie preisgegeben, sie sind nun in anderer Munde. Aus lauten Tönen ist ein zurückhaltendes Flüstern geworden, wir trauen uns nicht einmal mehr anzugeben. Es würde lächerlich wirken.

Bei den meisten anderen Themen über unsere nachlassenden Kräfte nimmt die Redseligkeit zu. Wir tauschen uns ohne Scheu detailliert über Falten, Gebrechen und Beschwerden aus, nie aber über Schäden an der Sinnlichkeit, die schwächer wird wie der Donner eines abziehenden Gewitters. Ist diese Zurückhaltung einer neu entdeckten Altersempathie geschuldet? Ich fürchte, nein.

Mit der Libido geht der natürliche Zweck unseres Daseins verloren. Das wird uns zwar selten bewusst, aber wir ahnen, dass wir, wie eine geschlagene Schachfigur, aus dem Spiel des Lebens genommen sind.

Es ist einer der folgenschweren Irrtümer unserer Zeit, dass man Probleme freimütig benennen und im Detail beschreiben müsse, um sie zu lösen. Häufig genug gilt das Gegenteil. Die ubiquitäre Redseligkeit schafft erst die Schwierigkeiten, um deren Lösung sie sich anschließend bemüht. Deswegen sind wir gut beraten, gelegentlich fein stille zu schweigen. Auch Schweigen und das Recht darauf können Lebensqualität sein. Wir behandeln den Eros als ein Tabu, ohne über dessen Tabuisierung ein Wort zu verlieren. Es ist ein kollektiver Rückzug in die Einsilbigkeit, der durch das geringe Interesse erleichtert wird, das die Öffentlichkeit an alten Menschen generell und deren Libido in Sonderheit hat.

Klug handelt, wer dem Riesen Ruhe gönnt. Auch er ist müde. Wer kein Verlangen hat, spürt keine Entbehrung. Was übrig bleibt, kann in den Tiefen des Internets verstaut werden. Wenn der Gang einer Entwicklung nicht zu beeinflussen ist, dann hilft die Einsicht, alles sei »nur halb so schlimm« und stehe, recht besehen, in Einklang mit dem Wünschenswerten. Wir machen uns dann eine Welt, die nicht zu ändern ist, genehm im Kopf zurecht. Das wirkt wie eine Medizin, die zwar nicht heilt, aber vorübergehend lindert.

Unsere besten Philosophen haben beim Thema der Sexualität durch alle Zeitalter auf dieses bewährte Hausmittel zurückgegriffen. Sophokles antwortete auf die Frage, ob er im Alter etwas vermisse: »Gott bewahre, zu meiner Freude bin ich dem Eros wie einem rohen, rasenden Herren entronnen.«

Cicero, römischer Staatsmann und Philosoph, jubelt: »Welch herrliches Geschenk des Lebens, wenn es uns wirklich das nimmt, was in der Jugend die schlimmste Quelle des Lasters ist.«

Mit dem Verklingen der Libido werden uns Eifersucht, Kämpfe und Unruhe nicht mehr belästigen, »das ist Gewinn«, stimmt ihm Seneca ein Jahrhundert später zu.

Vielleicht sei ein »Garten« Ersatz für den Verlust an Sinnlichkeit, schlägt die Schriftstellerin Claire Goll, die sich spät noch in das Abenteuer mit einem Zwanzigjährigen stürzte, ratlos vor.

Diskretion und Verschwiegenheit – Eigenschaften, die einst zur Grundausstattung guter Erziehung gehörten – sind zwar vorläufig außer Mode gekommen, aber niemand wird uns davon abhalten, sie für uns aufs Neue zu entdecken und auf die Tagesordnung unserer Umgangsformen zu setzen. Man tut vermutlich gut daran, die Reste der libidinösen Energien in Fürsorglichkeit, Freundschaften und Zärtlichkeit im Umgang miteinander zu investieren, oder in die Verkehrsformen der galanten Epoche: Höflichkeit, Zuvorkommenheit und Galanterien.

Wir kennen uns in der GvD seit manchem Jahr, haben heftigen Streit überstanden, vertrauen uns und sind selten verlegen, ein Thema einzubringen. Wir sind redselig bis zur Geschwätzigkeit. Aber unsere Libido, wie auch die der anderen, ist bislang in seltener Ausnahme höchstens als flüchtige Andeutung thematisiert worden.

Stattdessen Cheap Thrills: Lachen, Fragen, Schweigen – so geht's!

PLAUDERTASCHE UND PRAHLHANS

Unser Gehirn wird im Alter träge und bequem. Es mag sich nicht mehr den Mühen von Argument und Replik aussetzen. Es scheut Debatten, bei denen Behauptungen des Kontrahenten verstanden und in Gegenargumente umgesetzt werden müssen. Das kann beschwerlich und häufig vergebliches Tagwerk sein. Wir brauchen jetzt länger, um zu begreifen, und suchen oft erfolglos nach passender Erwiderung. Es fügt sich nicht mehr, was einst im lebhaften Streitgespräch locker zueinanderfand. Deswegen ziehen wir uns nach und nach aus dieser Art von Kommunikation zurück.

Auch unser Interesse an der Wahrheit als Ergebnis strittiger Auseinandersetzung hat nachgelassen. Wir streiten zwar tüchtig, aber nicht um der Erkenntnis willen, sondern weil im Streit die Chance sozialer Nähe liegt. Wir bedienen uns neuerdings anspruchsloserer Gesprächsformen. Anstelle von Kontroversen und Sachthemen pflegen wir die Erzählung und Anekdoten, die ihrerseits pointensicher vorgetragen werden möchten – eine Begabung, die der Schöpfer leider nur sparsam vergeben hat.

Soziale Kompetenz äußert sich jetzt vor allem in geduldigem Zuhören. Die Beherrschung der Diskursregeln, auf die wir einst so stolz waren, spielt dagegen kaum noch eine Rolle.

Häufig, und immer wieder aufs Neue, berichten wir »von früher« oder räumen Ereignissen aus der unmittelbaren Gegenwart in betulicher Genauigkeit breiten Raum ein. Sie werden mit zahllosen Nebenhandlungen garniert, sorgfältig ausgebreitet und vorgetragen. Am Ende der Erzählungen steht zwar selten Erkenntnisgewinn, der ist auch nicht das Ziel der Redseligkeit. Man begnügt sich mit dem Gefühl der Gemeinsamkeit, das beim Reden entsteht und allemal besser ist als weitere Einsichten. Von denen haben wir genügend im Laufe unseres Lebens angesammelt.

Die Sujets von einst – Politik, Kultur und Kunst – haben wir bis auf spärliche Reste aus unserem Themenkatalog getilgt. Gleichzeitig hat das »Wir auch« Einzug gehalten. Kaum hat jemand einen Urlaub in Paris, ein Konzert in der Philharmonie oder einen Gang entlang der Elbe erwähnt, schallt es von allen Seiten: »Da waren wir neulich auch!«

»Wir hatten Karten, aber Karl war erkältet, hustete ständig und wollte den anderen Konzertbesuchern den Abend nicht verderben.«

»Rühmlich rücksichtsvoll! Wir waren neulich in einem Konzert, da haben die Leute auch ständig gehustet.«

»Ist uns auch schon passiert. Letztes Jahr in Salzburg. Das Grauen.«

»Peter, erzähl doch mal, damals im Gürzenich!«

»Das war was anderes, das war Chris Barber.«

»Den haben wir in der Royal Albert Hall gehört.«

»Gehustet haben die dort auch.«

»Wo habt ihr in London gewohnt? Claudia kennt ein hinreißendes kleines Hotel in Soho.«

»Wir übernachten immer im Brown's.«

»Würden wir uns nicht leisten wollen.«

»Wir haben mal im ›Ritz‹ logiert, liegt aber schon lange zurück, haben die Schwiegereltern damals bezahlt.«

»Wir kennen ein spottbilliges Bed and Breakfast in Hampstead, sehr gemütlich.«

So läuft das ohne Unterlass kreuz und quer und findet erst bei Einbruch der Dunkelheit sein Ende.

Es gibt unter uns jedoch nicht nur Plaudertaschen, sondern auch Stichwortdiebe, die gerne vom Zeitbudget anderer naschen, ohne die Rechnung durch Interesse, Aufmerksamkeit und Nachfragen zu begleichen. Alte Menschen haben indes ein sensibles Gefühl für solche Art Mundraub. Wer Zuhören noch nicht gelernt hat, tut gut daran nachzuarbeiten und sich zum ideellen Gesamtzuhörer, der schweigt und mit leichtem Kopfnicken andeutet, dass er irgendwie bei der Sache ist, auszubilden. Andernfalls wird ihm früher oder später die Lizenz zum Erzählen entzogen.

Auch ich habe gelegentlich anderen das Wort gestohlen, um in prächtiger Beredsamkeit eigene Geschichten vorzutragen. Jedes Mal war ich überzeugt, meine Zuhörer wüssten mir meine elegante Eloquenz zu danken.

Lore von der GvD ist mir eines Tages grob dazwischengefahren. »Wie kommst du eigentlich dazu, mich zu unterbrechen, um in gnadenloser Geschwätzigkeit deinen eigenen Kram loszuwerden? Und das nicht zum ersten Mal!«

»Geschwätzigkeit?«

»Genau, die zudem noch unerträglich eitel daherkommt«, fuhr sie fort. Da die anderen ihr zustimmten, habe ich schließlich eingesehen und nachgegeben. Seither halte ich mich zurück. Bin aber insgeheim davon überzeugt, dass ihnen dadurch unbezahlbare Momente und Einsichten entgehen. Ihr Pech!

Der irische Schriftsteller Jonathan Swift, dem wir *Gullivers Reisen* verdanken, zählt zu den schwer erträglichen Gewohnheiten alter Leute – neben deren Schwatzsucht – die Neigung, dieselben Geschichten ständig zu wiederholen. Ein Vorwurf, der Jüngeren gegenüber seine Berechtigung hat, den Betagten jedoch unrecht tut. Wir sind auf bewährte Themen und deren ständige Neuauflage dringend angewiesen, denn Unvorhergesehenes, das unsere Gesprächsbedürfnisse mit frischer Ware zu versorgen vermag, wird sich nur noch in seltener Ausnahme ereignen. Wenn wir uns nicht wiederholen dürften, müssten wir verstummen. Die neu entdeckte Mitteilsamkeit ersetzt Verluste, die wir durch den Ruhestand, körperliche Schäden, Schwäche der Sinne und zunehmende Unbeweglichkeit notwendig erleiden.

Die Redseligkeit der anderen – die eigene nicht zu vergessen – wird im Alter zum unersetzlichen Schutz- und Rückzugsraum. Man zieht sich, wie in einen tiefen Ohrensessel, in die Gesprächigkeit des Gegenübers zurück. Während es berichtet, hängt man oft ungestört seinen eigenen Gedanken nach. Das gleichförmige Geräusch der Stimme umgibt uns dabei wohltuend wie ein warmes Bad, in dem man sich sicher aufgehoben fühlen darf.

Droht unser Gesprächspartner, der recht eigentlich ein Geräuschlieferant ist, zu verstummen, sorgen Einwürfe oder kurze Fragen für den Fortgang der Unterhaltung. Aber seien wir ehrlich: Wir hören kaum zu, und von der häufig unendlichen Detailmenge des Mitgeteilten bleiben nur Bruchteile in Erinnerung. Es geht bei der Beredsamkeit nicht um Gedankenaustausch, sondern um den behüteten Raum, den der andere wie ein behagliches Separee bereitstellt. Häufig dienen die Erzählungen als Anlass für Gedanken und Überlegungen, die wir fernab in unserem eigenen Universum weiterverfolgen. Zu etwa sechzig Prozent, haben Wissenschaftler herausgefunden, sind wir bei solchen Unterhaltungen bei uns und nur mit den restlichen vierzig Prozent beim Gegenüber.

Man darf diese Form des Gesprächs nicht mit den Ansprüchen verwechseln, die wir einst mit ihm verbanden. Es dient nicht mehr dem Gedankenaustausch oder der Klärung anspruchsvoller Sachverhalte, sondern ausschließlich der kommoden Aufbewahrung im Augenblick. Es ist eine eigene Art der Kommunikation, die sich im Alter bereitstellt. In der Form ist sie nicht unverwandt der Träumerei und dem ziellosen Zeitvertreib. Sie hinterlässt zwar keine Spuren, ist gleichwohl zutiefst befriedigend.

Es ist ein ständiges Geben und Nehmen, das eigenen Regeln folgt und zu einem gewichtigen Teil in unserem Verhaltensrepertoire geworden ist. Der Zuhörer darf sich im Klang der anderen Stimme wohl aufgehoben fühlen, ohne dass ihm später die Wiedergabe von Einzelheiten abverlangt wird. Oft reicht die Geste passiver Aufmerksamkeit aus, um den Erzähler zufriedenzustellen. Der wiederum ist froh, einen Adressaten für seine Geschichten gefunden zu haben und damit die Chance, seiner eigenen Stimme zu lauschen.

Beide Seiten ahnen natürlich, welches Spiel sie spielen. Daraus ist ihnen eine neue Form sozialen Verhaltens entstanden: Zuhören mit verschlossenen Ohren. Mit seiner Hilfe können Geschichten mehrmals denselben Zuhörern erzählt werden, ein unschätzbares Privileg im Alltag alter Menschen.

Diese Sorte Zwiegespräch ist weder besser noch schlechter als jene Formen, von denen wir in der Vergangenheit meist Gebrauch gemacht hatten. Es ist anders, dient unterschiedlichen Interessen und entspricht den Anforderungen, die man im Alter an Unterhaltungen hat. Jetzt herrscht in unseren Gesprächen altersgerecht die Triade: Nähe, Eintracht, Wohlbehagen, für die wir gerne die »Weisheit« in Haftung nehmen.

In Japan, so liest man, gibt es Automaten in angedeutetem Menschenformat, die einen Zuhörer aus Fleisch und Blut zu ersetzen wissen. Sie beherrschen das Vokabular: »Aha, erzähl weiter! Interessant! Bist du sicher? Nicht zu glauben!« – Einwürfe, die geeignet sind, jedes Gespräch in Gang zu halten. Die Automaten scheinen ebenso guten, wenn nicht besseren Dienst zu tun wie die menschliche Konkurrenz, die leicht ermüdet und ständig das Interesse zu verlieren droht.

Meine Mutter hatte spät in ihrem Leben eine Pflegekraft aus Fernost, die kein Wort Deutsch sprach oder verstand, an ihrer Seite. Meine Befürchtungen, ihre kommunikativen Bedürfnisse kämen bei solcher Art der Gesellschaft zu kurz, zerstreute sie knapp, aber erschöpfend mit der Feststellung:»Zuhören kann sie.«

Im Alter sind wir zudem auf das»gute Gespräch«angewiesen, das in seiner Form weder Streit noch Geschwätz, sondern im Wesentlichen Intimität ist. Es dient nur nebenbei der sozialen Geborgenheit, sondern dem dringenden Bedürfnis, die unzähligen neuen, oft bedrohlichen Eindrücke, die das Altern notwendig mit sich bringt, überhaupt zu begreifen, bevor man hoffen darf, sie zu verarbeiten.

Es geht dabei nicht um»harte Themen«wie Politik oder Karriere, sondern um»weiche«, die unter der Hand jedoch eine beunruhigende Präsenz entwickelt haben. Dazu zählen neben vielen anderen: Abschied, Einsamkeit, Trauer und Vergänglichkeit – Empfindungen und Ahnungen aus den Tiefenschichten unseres Bewusstseins. Die meisten von uns haben im Laufe des Lebens Erfahrungen mit ihnen machen müssen. Ebenso häufig jedoch fielen sie dem Vergessen oder der Verdrängung zum Opfer. Im Alter melden sie sich gebieterisch zurück.

Wer ihnen allein begegnet, steht vor schwierigen Zeiten. Besser beraten ist, wer Ansprechpartner sucht. Die findet man am besten unter denjenigen, die ähnliche Erfahrungen machen müssen, bei unsersgleichen. Freilich, die wenigsten von uns haben gelernt, ehrlich über ihre Emotionen und»Schwierigkeiten«zu reden. Wir halten sie gerne unter Verschluss. Jetzt sind wir genötigt, uns zu öffnen.

Mancher betritt das neue Terrain zögerlich und wachsam, denn er befürchtet ungewohnte Formen von Nähe und Vertrautheit, ohne die er bislang recht gut ausgekommen war. Jetzt stehen sie unvermittelt auf der Tagesordnung.

Auf den ersten Blick scheinen sie gefährlich und unheimlich zu sein. Es gilt, Schranken und Misstrauen zu überwinden, was im guten Gespräch, an dessen Regeln sich jeder von uns erst vorsichtig herantasten muss, gelingen kann. Im Gegensatz zur Plauderei, die den Großteil unserer alltäglichen Kommunikation ausmacht, ist es ernsthaft, vertraulich und diskret. Im besten Fall ist es frei von Ironie und Effekten und verzichtet auf Rat und besseres Wissen. Es verfolgt kein Ziel, sondern ist Zufluchtsort vor den Zumutungen der Unausweichlichkeit. Wir sind danach selten klüger, aber beruhigt. In ihm findet der christliche Trost, der uns verloren gegangen war, seine letzte Heimat.

Die intime Beichte zwischen zwei Grauköpfen über Schäden, Überdruss und Ratlosigkeit, von denen keiner verschont bleiben wird, zählt zu den berührenden Momenten, die das Alter bereithalten kann. In ihm sind Ich und Du vereint. Mancher von uns hat ein ganzes Leben hinter sich bringen müssen, um diesen Punkt tiefer Vertrautheit zu erreichen. Er ist der Scheitelstein in unseren Beziehungen zu anderen. Wer ihn schließlich gesetzt hat, darf in der Gewissheit gehen, in dieser Hinsicht sein Soll erfüllt zu haben.

SORGENBRECHER

Rotwein lieblich
Jahrgang 2016
Weingut Schönbrunn

KBW hat mich im Fernsehen gesehen. Gelegentlich war ich in den zurückliegenden Jahren Gast bei Talkshows, in denen ich zu meinem Buch über die Zeit nach der Rente befragt wurde. Eines Abends fand ich mich in einer Runde neben dem Kabarettisten und Sportreporter Werner Schneyder, einem meinungsstarken Österreicher, wieder.

Talkshows sind für deren Gäste meist langweilige Veranstaltungen. Die Moderatoren fordern zwar zu Sendebeginn stets zu lebhaften, kontroversen Diskussionen auf, doch die bleiben trotzdem seltene Ausnahme. Eine stillschweigende Übereinkunft zwischen den Gästen verbietet es, den anderen durch Geschichten, Zwischenfragen oder witzige Bemerkungen in den Auftritt zu grätschen. Man hört stattdessen stille zu, wartet, bis man an der Reihe ist, und hofft, sein eigenes Anliegen ungestört vorbringen zu können.

Als erfahrene Talkshowteilnehmer setzten Werner und

ich interessierte Mienen auf, nickten und lachten, wenn es an der Zeit war. Denn man weiß nie, wann man als Zwischenschnitt dran ist. Irgendwann kamen wir doch ins Flüstern, begannen leise zu kichern und wurden schließlich aufgefordert, unsere Erkenntnisse allen zugänglich zu machen. »Wir haben uns über Alterssuff ausgetauscht«, übernahm Werner, der fünf Jahre mehr als ich auf dem Buckel hatte, das Kommando. »Wir waren uns einig, dass wir in unserem Alter auf ein paar unerfreuliche Erfahrungen gefasst sein müssen, aber die schlimmste wäre die strikte Anweisung unseres Hausarztes: ›Kein Tropfen Alkohol mehr, nie wieder.‹«

Der Moderator schaute verwirrt, denn Alkohol hatte weder mit dem Gast, der gerade an der Reihe gewesen war – Daniela Katzenberger –, zu tun noch mit dem Thema, zu dem sie befragt wurde.

Das Publikum lachte und spendete braven Applaus.

»Schlimmer als Prostataprobleme und Demenz?«, brachte sich der überraschte Moderator wieder ins Gespräch.

»Kein Vergleich«, beschied ihm mein Mitstreiter entschlossen.

Der bayerische Ex-Fußballer Paul Breitner, der ebenfalls zu Gast war, musste plötzlich etwas loswerden. Er müsse »kotzen«, wenn er sieht, was die Leute alles für Schlagzeilen täten, wandte er sich der Katzenberger zu. Sie äßen »Hundekacke«, um ins Fernsehen zu kommen. Er finde das »pervers und widerlich« und wollte schon wieder kotzen.

Die Katzenberger nahm's gelassen. Aber um Werner, mich und unsere Ausführungen zum Alterssuff war es natürlich geschehen, denn die Unleidlichkeiten alter Männer mit dem Auftritt der Jugend sind allemal interessanter als deren Alkoholprobleme.

Meine Bemerkung, die Katzenberger sei immerhin »angenehmer anzuschauen« als der verknitterte Fußballspieler, trug auch nicht zur Beruhigung der Situation bei.

KBW zeigt sich von Breitner enttäuscht. »Uncooler Auftritt. Aber deine Bemerkung war echt witzig. Hat ihn erkennbar mitgenommen.«

Er dreht vorsichtig den Flaschenöffner, um den Korken einer alten Flasche nicht zu beschädigen, bis jenes kurze, schnalzende Geräusch entsteht, das in der GvD einen weiteren gemeinsamen Abend anzeigt.

Wir pflegen dort einen recht unbefangenen Umgang mit Alkohol. Sprachlich haben wir eines Tages die »Flasche« durch das »Fläschchen« und das »Glas« durch das »Gläschen« ersetzt, und wir sind stolz der Überzeugung, das Leben sei »zu kurz für schlechten Wein«. Wir kaufen selten beim Discounter, sondern in den kleinen Weinboutiquen, die in der unmittelbaren Nachbarschaft so zahlreich entstanden sind wie die braunen Flecken auf unseren Handrücken.

KBW, der die Dinge bekanntlich gerne grundsätzlich angeht, hat zwei Weinführer angeschafft, diese studiert und klärt uns seither zuverlässig über Sorten, Lagen und Eichenfässer auf. Selbst die Apfelgärung ist für uns seitdem kein Fremdwort. Ein befreundeter Arzt hat uns zudem glaubhaft versichert, dass es in unserem Leben zu einer Leberzirrhose nicht mehr reichen würde. Wir verlassen uns auf ihn!

Gelegentlich nehmen wir zum Mittagessen ein oder zwei Gläschen Rotwein zu uns. Das hilft beim Nickerchen, einem ehrwürdigen Brauch, den wir während unserer Berufsjahre zur Seite legen mussten. Jetzt ist er wieder zu einem festen Bestandteil unseres Tagesablaufs geworden.

Zuweilen trinken wir, um munter in den Abend zu kommen, zur »Tagesschau« ein Glas vom Schaumwein und ab dann zügig weiter bis zur Bettschwere, die wir gegen Mitternacht leicht angeheitert erreichen.

Ich weiß von vielen anderen, die es genauso halten.

Wir würden von uns behaupten wollen, dass wir kultiviert und maßvoll trinken. Nicht der Rausch ist unser Ziel, sondern jenes Gefühl leichter Unbeschwertheit, das der Alkohol wie einen unsichtbaren Schleier über den Alltag legt. Tatsächlich aber sind wir auch ordinär betrunken und gehen mit unsicherem Gang, schwerer Zunge und törichtem Geschwätz auseinander. Gesine behauptet, solche Abende nähmen zu. Dem wollen wir mehrheitlich nicht zustimmen.

Was genau bewirkt der Alkohol in uns? Er hilft beim Lachen, Vergessen und Schweigen. Es träumt sich leichter.

Theo hat dazu eine alte irische Einsicht hervorgekramt: »Realität ist der Zustand, der aus Mangel an Alkohol entsteht.«

Wir sind ganz froh, wenn wir die Realität vorübergehend zur Seite legen können.

Seit das französische Paradox gelöst ist − die erstaunliche Tatsache, dass Südfranzosen trotz Zigaretten, Alkohol und fettem Wildschweinbraten alt werden −, vermuten wir hinter jedem Schluck Rotwein zusätzlich jene heilenden Kräfte der Natur, von denen heutzutage ständig die Rede ist. Als »mother's little helper« vermittelt uns der Alkohol eine heroische Gleichgültigkeit gegenüber einer Zukunft, von der wir nur zu gut wissen, was sie zu bringen imstande ist.

»Seh ich genauso«, meldet sich Theo zu Wort.

»Ich hoffe, meine Leber steht mir bis zum Ende treu zur Seite. Alles andere wäre eine Katastrophe.« Nach einem Abend in der GvD ist Flaschencount. Der Durchschnitt liegt bei einer halben Flasche für jeden von uns. Zur persönlichen Beruhigung trinken wir keine »harten Sachen«, so wie »all die andern« – wenn man mal vom gut bemessenen »vorläufig allerletzten Schluck« absieht. Den Hinweis des befreundeten Mediziners, es käme nicht auf die Form des Alkohols, sondern ausschließlich auf die Menge am Ende eines Abends an, haben wir zwar gehört, jedoch nicht weiter zur Kenntnis genommen. Die Trinkgewohnheiten der anderen GvD-Mitglieder sind kein Thema zwischen uns, haben wir klug beschlossen. Aber man denkt sich natürlich seinen kritischen Teil. Lore hat jüngst den Gin entdeckt und KBW ein Buch zum Thema angeschafft. Man macht sich privat schon seine Gedanken.

Bei der abendlichen Zecherei dürfen wir uns in bester Gesellschaft wissen. Einige unserer klügsten und realitätsnahen Philosophen haben gelegentlich zum Glas gegriffen. Wenn die Freuden der Liebe nachlassen, sucht man »gerne eine Aufheiterung bei Bacchus«, empfiehlt Arthur Schopenhauer.

Ernst Bloch, der auch im hohen Alter gerne württembergischen Lemberger trank, war überzeugt, »ein alter Trinker wirkt schöner als ein alter Liebhaber«, und Benjamin Franklin fügt dem hinzu, »es gibt drei treue Freunde: eine alte Gattin, ein alter Hund und flüssiges Geld«. Mit solcher Begleitung ist beruhigt zechen!

Später am Vormittag lassen wir es ordentlich krachen. Wir entsorgen tief unten im Hof die Flaschen einzeln im Grünglascontainer. Das erzeugt tüchtig durchdringenden Lärm, und die Nachbarschaft darf nachvollziehen, was wir am Abend vorher geleistet haben.

HEINERS HEIMKEHR
IN DIE FREMDE

Es gibt einige seltsame Gestalten unter uns. Paare ohne eigenen Nachwuchs, deren Geburtsdaten etwa zwei Dekaden auseinanderliegen. Sie haben häufig ähnliche Geschichten, die meist mit einer unerwarteten Entscheidung des Mannes begonnen haben, hinter sich.

Mein ehemaliger Nachbar, Heiner, hatte sein Leben treppauf, treppab in der Immobilienbranche verbracht. Eines Tages entschloss er sich, sehr zur Überraschung aller, die ihn kannten, nach vierunddreißig Ehejahren seine Frau und die zwei erwachsenen Töchter nebst Enkeln und Schwiegereltern zu verlassen. Heiners Ehe floss bis zu diesem Zeitpunkt in jenem Gleichmaß dahin, das für beide Ehepartner Geborgenheit und Sicherheit im Alter versprach. Ein weitgespanntes Familiennetz sicherte die Zukunft zusätzlich ab. Wie in vielen Ehen lagen die Sozialkontakte und deren Pflege in den Händen seiner Frau und waren nach und nach gänzlich in deren Besitz übergegangen. Heiner würde sie zurücklassen müssen.

Er wolle »tanzen, singen und lachen«, und: »Da draußen gibt's noch ein anderes Leben«, waren seine letzten Worte, bevor er die Tür zur gemeinsamen Wohnung für immer hinter sich zuzog. Ankündigung und Abschied hatten kaum mehr als zehn Minuten in Anspruch genommen.

Vielleicht lief, als er innerhalb weniger Minuten sein altes Leben zur Seite legte, zufällig ein Schlager von Udo Jürgens im Hintergrund. Vielleicht war Heiner mit einem Mal aufgefallen, dass er bislang keinen Gebrauch von den Gaben, die ihm von Natur aus zustanden, gemacht hatte. Seine musischen Talente waren niemals abgerufen worden, Genuss und Lust fanden im Familienleben kaum Raum, und die Heiterkeit war seinem Beruf zum Opfer gefallen. So kam in wenigen Augenblicken zum Ausbruch, was sich über die Jahre still und beharrlich in ihm angesammelt hatte. Heiner war entschlossen, für den Rest seines Lebens noch mal von vorne anzufangen.

Riesen Aufregung und ein herrliches Thema. Plötzlich hatten sich alle was zu sagen.

»Was ist denn in den gefahren?«

»Dahinter steckt eine Frau. Männer machen so was nicht allein.«

»Hundert pro!«

»Brigitte muss doch etwas geahnt haben!«

»Nichts, behauptet sie.«

»Voll die Midlife-Crisis!«

»Der kommt zurück, ganz sicher.«

»So klein mit Hut.«

Jetzt waren all diejenigen dran, die es immer schon gewusst, aber diskret geschwiegen hatten. Deren kommunikative Leibspeise ist die Ursachen- und Motivforschung in fremden Köpfen. Die wenigsten wissen zwar, wer sie selbst sind und was in ihrem persönlichen Bewusstsein vor sich geht; in dem anderer Menschen kennen sie sich dagegen aus wie in der heimischen Tiefkühltruhe. Das lenkt erfolgreich von der Wüstenei in der eigenen Innerei ab.

»Unfassbar, wie der sich aus dem Staub gemacht hat.«

»Geht gar nicht!«

Tatsächlich aber gibt es nur eine empfehlenswerte Abschiedstechnik. Wie immer man es angeht, tränenreich, sprachlos oder erklärend, der Verlassene wird verwirrt und verletzt zurückbleiben. Beginnt der Scheidende zu begründen, wird er schon bald gezwungen sein, die dunklen Ecken der gemeinsamen Vergangenheit auszuleuchten und verborgene Geheimnisse ans Tageslicht zu fördern. Kurz, es wird tüchtig Staub aufgewirbelt und jede Menge Müll zum Vorschein kommen. Bis schließlich die letzten Gemeinsamkeiten einer Beziehung, die ohnehin zu Ende geht, zerstört sind. Das lohnt nicht.

»Ich bin schockiert! Ich hatte ja keine Ahnung! Warum hast du nicht früher mit mir geredet?«

Die Frage liegt zwar auf der Hand, aber sie ist sinnlos. Denn erst in der Geborgenheit der Ahnungslosigkeit konnten Heiners Pläne reifen. »Ich halte nichts von der Wahrheit. Ehrlichkeit in der Beziehung lehne ich ab«, unterstützt Elfriede Jelinek in ähnlichem Zusammenhang seine Verschwiegenheit.

Der tränenreiche Abschied taugt fürs Kino und ein Happy End. Er ist bittersüß und kann zu herrlichen, wenn auch flüchtigen Momenten größter Nähe führen. Aber er ist verlogen, hinterlässt den Zurückgebliebenen in der vergeblichen Hoffnung auf einen anderen Ausgang und stielt ihm unnötig Zeit, die er dringend für seine Trauerarbeit braucht.

Recht besehen hat Heiner also einiges richtig gemacht. Schließlich verebbte das Interesse an ihm. Neue Tragödien boten aktuelleren Gesprächsstoff. Zudem blieb er unauffindbar. Gerüchte kamen gelegentlich auf. Er sei mit einer viel jüngeren Frau in Mitte gesehen worden. Er sei schmaler und das Haar kürzer. Den Vorschriften seines Berufs folgend, kannten wir ihn vornehmlich in engen Anzügen und Schnürschuhen. Jetzt wollte man ihn in weitem Leinen zu weißen Turnschuhen, Sneakers vermutlich, entdeckt haben.

Gesprochen hat keiner mit ihm.

Wir hatten wenige Wochen vor seinem Abgang begonnen, gemeinsam Gitarre spielen zu lernen. Eines Tages, als wir mit ungelenken Fingern Akkordwechsel übten und »Down by the Riverside« vor uns hin brummten, bemerkte er kaum hörbar: »Das hätt' ich schon längst tun sollen.« Später schimpfte er beim Wein: »Kotzt mich alles an.« Aber wen tut es das nicht. Diese spärlichen Bemerkungen, wenn sie überhaupt etwas bedeuteten, haben unser Einfühlungsvermögen damals bei Weitem überfordert.

Monate später, als er längst kein Thema mehr war, habe ich Heiner im hintersten Teil der Straßenbahnlinie M 4 angetroffen. Man kann dort in Fahrtrichtung, getrennt durch eine Gepäckablage, gemütlich nebeneinandersitzen und ungestört plaudern. Die Bahn war leer, und der Fahrtlärm löste Heiners Zunge.

Rechts neben mir, dort, wo ich besser höre, saß unrasiert, in einem weiten, verschossenen Jackett und schwarzem

T-Shirt, kein Sieger, aber auch kein Opfer, mein ehemaliger Gitarren- und Rotweinkumpel. Er strahlte die Selbstsicherheit eines Mannes aus, der mit sich im Reinen und stolz ist, das Richtige getan zu haben. Es war fast wie früher. Ich akzeptierte ihn sofort, wie er war. Wir Männer mögen konfliktfreies Zusammensein.

Er blieb trotzdem einsilbig.

Der Entschluss zu gehen und neu zu beginnen, sei ihm »seit Jahren im Kopf gewesen«. An einen konkreten Anlass konnte er sich nicht erinnern, eines Tages »war es dann einfach so weit«.

Er hatte tatsächlich eine neue Beziehung zu einer zwanzig Jahre jüngeren Frau. »Sie lacht über meine alten Geschichten, hört zu und will wissen, was mir durch den Kopf geht.«

Ob er manchmal an seine Vergangenheit denken würde?

»Selten.«

»Als ob nichts gewesen wär?«

»Als ob nichts gewesen wär!«

Ob er seine frühere Umgebung nicht vermisse?

»Nein.« Andernfalls hätte er sie nicht aufgegeben.

»Wir machen vieles gemeinsam, schlendern durch die Stadt, Kino, Ausstellungen, neue Lokale, in den alten kann ich mich ja nicht blicken lassen.«

Sie hatte ebenfalls begonnen, Gitarre zu spielen. »Und in der Falle klappt's auch wieder.«

Er hatte wohl genügend Geld angespart, um zusammen mit seiner Freundin einen Coffeeshop zu eröffnen, mit »Suppe, Avocadostullen und Egg Benedict. Ich sag dir Bescheid, wenn es so weit ist.«

Am Hackeschen Markt stieg er aus. »Ja, Tschüs dann!«
Er umarmte mich kurz, ging die zwei Schritte zur Tür
und verschwand zwischen den Wartenden, die an ihm vorbei in die Bahn drängelten.

So knapp können nähere Bekanntschaften zu Ende gehen. Ich habe nie wieder von ihm gehört und hoffe, er ist
glücklich geworden.

Heiner hatte sich für einen Neuanfang und die »unvergleichliche Erfahrung, frei zu sein«, entschieden. Und sich
damit in höchste Gefahr begeben! Das verleiht seinem Entschluss den verwegenen Geschmack von Abenteuer und
Furchtlosigkeit, der dem Betrachter Bewunderung abverlangt. Die meisten von uns werden im Laufe ihres Lebens
keine einzige Entscheidung von dieser Radikalität treffen.
Wir trauen uns nicht. Das macht ihren verführerischen,
freilich vergifteten Glanz aus, der für den Augenblick die
Folgen vergessen lässt.

Das wertvollste Kapital, das ein jeder von uns in sein Alter einbringt, sind die sozialen Beziehungen auf sämtlichen
Ebenen – Freundschaft, Familie oder Bekannte. Die wollen über lange Zeit aufgebaut und angespart sein, damit sie
später als Trost, Beistand oder Pflege wirken können. Wer
ins Alter mit leeren Händen kommt, dem wird die letzte
Strecke häufig zur leidvollen Last.

Es gibt in den westlichen Industriegesellschaften zwar
künstliche soziale Netze, in denen auch die Einsamen
einen Platz zum Sterben finden. Das reicht knapp für die
Grundbedürfnisse, Nahrung, Schlaf und medizinische Versorgung. Wärme, Zuneigung und Nähe jedoch, die spät

noch ein Leben lebenswert und erträglich machen können, sind nicht käuflich.

Wer sich erfolgreich durch eine lange Ehe oder eine verbindliche Beziehung gekämpft hat und im Alter noch zusammen ist, der hat sich ein solides Fundament für die letzten Jahre angelegt. Denn recht besehen, ist die Ehe von Beginn an ein aussichtsloses Unterfangen. Von einer endlosen Abfolge »misslungener Morde« spricht Sergio Pitol. Wer sich trotzdem »bis zum Tode« verbindet, geht ein Wagnis ein, das bei kühler Betrachtung kaum Aussicht auf Erfolg haben kann. Zu kompliziert und unvorhersehbar sind die Bedingungen, die sich einem glücklichen Ausgang in den Weg stellen. Jede Ehe nimmt die Beteiligten in ungezählten Rollen in die Pflicht: als Ehepartner, Freund, Geliebten, Vertrauten, Betreuer, Finanzberater, Koch, Erzieher oder Krankenpfleger beziehungsweise deren weiblicher Gegenpart, über den zu reden mir mangelhafter Einblick verbietet. Es gibt auf dem freien Markt vermutlich keine einzige ähnlich anspruchsvolle Stellenausschreibung und andererseits niemanden, der sich mit Aussicht auf Erfolg auf sie bewerben dürfte.

Zwei Individuen mit unterschiedlichen Biografien und Charakteren sowie deren Fehlern und dunklen Seiten, mit häufig unvereinbaren Bedürfnissen, Erwartungen und Hoffnungen, von der vielstimmigen Beurteilung der Realität ganz abgesehen, gehen mit der Eheschließung das Wagnis ein, diese Differenzen in Einklang zu bringen und daraus über viele Jahre ein gemeinsames Leben zu machen. Und dabei sind die Probleme der täglichen Haushaltsführung noch nicht mit eingerechnet. Aus gutem Grund gibt es in der gesamten westlichen Beziehungsliteratur, in allen Romanen, Kurzgeschichten, Theaterstücken und Gedichten, keine Stelle, an der jemand Hemden bügelt, abwäscht, die Dielen bohnert oder Spiegeleier in die Pfanne haut. Der Alltag unserer Ehen ist literaturuntauglich, ausgenommen in der Form wölfischer Auseinandersetzungen. Wären die Menschen bei Trost, würde keiner vor den Traualtar treten wollen.

Später stellt sich zusätzlich heraus, dass nicht Offenheit und Ehrlichkeit das Fundament der Ehe sind, sondern Verschwiegenheit und Unwahrheiten. Die größten Herausforderungen im Alltag einer Bindung auf Dauer sind jedoch die unvermeidlichen Angewohnheiten des Partners: die eingetrocknete Zahnpastatube, das Kauen mit offenem Mund, die Kommentare auf der Autofahrt, von den ständigen Ratschlägen zu allem nicht zu reden.

Trotzdem wird unverdrossen geheiratet, obzwar kaum Aussicht besteht, einen passenden Partner zu finden, denn den »idealen Gatten gibt es«, einer Einsicht von Oscar Wilde zufolge, nicht. »Der ideale Gatte bleibt ledig.«

In die Jahre gekommen, wird es jedoch ruhiger, stattdessen dominieren Gleichgültigkeit, Gewöhnung und Langeweile den Ehealltag. Sie sind die Vorboten der elenden Wüste gegenseitigen Desinteresses. Schließlich schleicht sich die Hoffnung auf einen Neuanfang mit einem anderen Partner ein und droht, den Rest an Gemeinsamkeiten zu vergiften. Das ist häufig die letzte große Prüfung, der eine Ehe ausgesetzt ist. Wer sie besteht, hat lange Jahre gelassener Partnerschaft vor sich. Die vergangenen Auseinandersetzungen und Verletzungen klingen langsam ab und werden schließlich vergessen. Erst jetzt wird die Ehe zu dem, was sie von Anfang an hätte sein sollen. Ohne die raue Gangart über Jahrzehnte wäre sie jedoch jetzt nur in seltener Ausnahme zu haben gewesen.

Der Lohn am Ende scheint bescheiden, aber er ist kostbarer als alle Schatzkammern aus *Tausendundeiner Nacht*. Zwei betagte Menschen nehmen gemeinsam, in sicherem Vertrauen zueinander, den letzten Weg in Angriff. So geht Menschsein. Heiner indes hat den Verlockungen des Neuanfangs nachgegeben. Er wird einen Preis dafür entrichten müssen.

Allen modernen Formen des Zusammenlebens und neuzeitlicher Flüchtigkeit zum Trotz ist eine wetterfeste, konflikterfahrene Partnerschaft, die einige unvermeidlich turbulente Jahrzehnte Gemeinsamkeit hinter sich hat, das beste Bündnis gegen die Herausforderungen des Alters. Die Partner haben mehrfach den Verlockungen von Unverbindlichkeit und »Freiheit« widerstanden und sich trotz Hader und Opfern zum Weitermachen entschlossen. Eine Entscheidung, die im Alter reiche Früchte tragen wird, denn nichts ist solider und verlässlicher als eine gemeinsame Vergangenheit mit ihren zwangsläufigen Konflikten und Schwierigkeiten, einschließlich der langen Stunden intensiven Grübelns, ob es nicht besser sei, den anderen zu verlassen.

»Allein gehen wir ein.« Das gilt für alle Lebensphasen und in der Sonderheit die der Betagten. Wir sind alle auf unsere Weise Sonderlinge. Der Umgang mit uns braucht lange Lehrjahre, und selbst dann sind die Chancen gering, dass er gelingt. Ein Paar, das die Schrullen, Marotten und Schwächen des anderen akzeptiert hat und in ruhiger Selbstverständlichkeit mit ihnen umzugehen versteht, weiß sein Sach in den besten, den eigenen Händen. »Wer jetzt kein Haus hat …«, heißt es bei Rilke. Eindringlicher ist die Situation bindungsloser Alter nie beschrieben worden.

Die kostbarste Perle im unendlichen Meer der menschlichen Gesellungsformen ist jedoch die Freundschaft. Sie sei »die Ehe der Seelen«, behauptet François-Marie Arouet, den wir als Voltaire kennen. Und Cicero befindet knapp und gewichtig: »Ohne Freundschaft gibt es kein Leben.«

Die Ersten, die versuchten, ihrer gedanklich habhaft zu werden, waren die griechischen Philosophen in Attika und Kleinasien. Sie hatten schnell erkannt, dass der Mensch nur im Spannungsverhältnis zwischen sozialer Nähe und Distanz zu leben imstande ist. Dieser Ort, der stets unruhig und gefahrvoll ist, kann die unterschiedlichsten Formen annehmen. Eine von ihnen ist die Freundschaft, von der es bei Epikur heißt: »Von dem, was die Weisheit für die Seligkeit des ganzen Lebens verschaffen kann, ist weit das Größte der Gewinn der Freundschaft.« Aristoteles zufolge würde kein Mensch je ohne Freunde leben wollen, selbst wenn ihm alle anderen Güter der Welt zur Verfügung stünden.

Über zwei Jahrtausende später hat sich an dieser Erkenntnis nichts geändert. David Hume bestätigte im 18. Jahrhundert als Vertreter einer »allgemeinen Gelehrsamkeit« die Einsichten seiner fernen Vorgänger. »Einsamkeit ist vielleicht die denkbar größte Strafe, die wir erdulden können.«

Auch für seinen amerikanischen Kollegen Ralph Waldo Emerson ist die Freundschaft, bereits beeinflusst durch die Romantik, nichts weniger als »eine auserwählte, ja heilige Beziehung«. Und schließlich erklärte der Philosoph und Politikwissenschaftler Charles Tayler vor zwei Dekaden ein weiteres Mal und grundsätzlich:»A human being alone is an impossibility.«

Wir dürfen also zu Recht vermuten, dass es sich bei der Freundschaft, die uns offenbar von Beginn an in den unterschiedlichsten Formen begleitet hat, um einen besonderen Stoff handelt. Freilich, unergründliche Qualität nebst dem libidinösen Beigeschmack, die der Freundschaft über die Zeiten eigen gewesen sein sollen, sind uns heute fremd – wenn wir überhaupt noch in der Lage sind, Freundschaften in der alten Form einzugehen und zu pflegen. Sie verlangen von beiden Seiten Stetigkeit, Geduld und Offenheit. Keine dieser Tugenden steht auf der Tagesordnung einer modernen Existenz. Stattdessen finden wir dort Unbeständigkeit, Beschwer- und Redseligkeit. Das reicht für einen Cocktailempfang oder den nachfolgenden Abend an der Bar. Aber selten für Freundschaften im emphatischen, allerdings überholten Sinn.

Wenn wir im Folgenden von Freundschaft reden, dann in einer bescheidenen, abgespeckten Form, verortet irgendwo zwischen der Bekanntschaft und ihrer klassischen Bedeutung. Im täglichen Sprachgebrauch ist von »guten Bekannten« die Rede. Man ist sich gewogen, teilt Interessen und Vorlieben und pflegt gemeinsame Unternehmungen. Die Beziehung ist verlässlich und hinlänglich belastbar. Sie wird im Wesentlichen zusammengehalten durch das soziale Feld, in dem man sich miteinander bewegt. Ändert sich das Feld, gerät die gute Bekanntschaft bald in Schwierigkeiten und droht, sich zu verlieren.

Ich hatte im Laufe meiner beruflichen Karriere ungezählte »gute Bekannte«. Keine Handvoll dieser Bekanntschaften hat je einen Arbeitsplatzwechsel überdauert. Sie haben sich, bis auf wenige Ausnahmen, verflüchtigt wie Laub im Herbstwind. Es fehlten ihnen das homoerotische Element, das Freundschaften einst eigen war, und die Sehnsucht nach dem Freund während dessen Abwesenheit. Die Freundschaft von ehedem war reine Beziehung, ohne funktionales Beiwerk und damit Teil der eigenen Identität. Der »gute Bekannte« dagegen bleibt äußerlich. Wird er in meinen letzten Tagen und Stunden an meinem Bett sitzen, meine trockene Hand halten und in der Lage sein, mir in jener tiefsten Form des Trostes, das Mitleiden vorausgesetzt, beistehen können? Vermutlich nicht. So bleibt es beim Krankenbesuch, wie es sich schickt.

Heiner hatte sein über Jahrzehnte angespartes Sozialkapital in einem einzigen Augenblick verschleudert. Nachdem er das Altern entdeckt hatte, wurde ihm bewusst, dass es mit seinem Leben irgendwann ein Ende haben würde. Das führte ihn unmittelbar zur Frage, ob er in den zurückliegenden Jahrzehnten getan hatte, was möglich gewesen wäre, oder ob sie nur eine Abfolge ausgelassener Chancen gewesen waren.

Jetzt ist er sechzig, gut zu Fuß, gut im Geld und hat den begründeten Verdacht, seinem Leben nicht genügend abverlangt zu haben. Und er hat nur eines! Dessen Ende liegt zwar statistisch gesehen noch in einiger Entfernung, ist aber trotzdem gut sichtbar geworden. Nun befürchtet er, das eigentliche Leben verpasst zu haben und eines Tages mit leeren Händen dazustehen.

Nachdem ihn diese Gedanken über Wochen und Monate beschäftigt haben, beschließt er, sich einen Nachschlag an Lebenserfahrungen zu holen, indem er radikal aus seinem bisherigen Leben aussteigt. Er war bisher noch nie radikal gewesen. Im Gegenteil, immer bedächtig und zielstrebig den sicheren Pfad zwischen den Leitplanken von Karriere, Familie und gängigen Überzeugungen gegangen. Plötzlich spürte er die erwartungsfrohe Furcht, die Abenteuerlust auszulösen vermag, und jenes rauschhafte Gefühl, das dem Sprung ins Unbekannte vorausgeht. Neugierde und Begehren, die in seinem bisherigen Leben keine Rolle mehr gespielt haben, melden ihre Ansprüche an und wollen in die Tat umgesetzt sein. Kurz: Bevor er sich's versieht, ist er in geheimer Mission unterwegs, auf seine Art ein neuer Mensch zu werden.

Er lässt fortan, unbemerkt von allen, die ihm nahestehen, der Fantasie ihren Lauf, bis sie die Herrschaft über ihn gewonnen hat und stürmisch auf Entscheidung drängt. Risiken und Versuchungen, die Heiner bislang sorgfältig vermieden hatte, erscheinen ihm mit einem Mal als die eigentlichen Bestandteile eines erfüllten Daseins. Eines Tages räumt er alle Einwände robust beiseite und zieht entschlossen in ein neues Leben, von dem er sich »Tanz, Gelächter und Gesang« verspricht.

Heiner ist kein Einzelfall mehr. In seinem Alter hätten sich unsere Eltern unter keinen Umständen einen späten zweiten Lebensentwurf vorstellen können. Dem standen der leibliche Verfall, gesellschaftliche Konventionen und die Vermögensverhältnisse im Wege. Heute indes ist der Körper eines Sechzigjährigen durchaus in der Lage, zwei weitere Jahrzehnte guten Dienst zu tun. Die verbindlichen Sitten von einst sind geschliffen, und nach siebzig Jahren Frieden in Mitteleuropa gibt es hierzulande eine große Anzahl Älterer, die sich ein zusätzliches Leben finanziell leisten können.

Wer mit dem Gedanken spielt, sein Leben auf neue Füße zu stellen, wird nicht umhinkommen, vor der Zeit jene Aufgabe in Angriff zu nehmen, die früher oder später auf die Tagesordnung eines jeden von uns kommt: die »Lebensbilanz«.

Wer bin ich gewesen? Habe ich von diesem einen Leben, das mir ein wohlgesinnter Zufall einst geschenkt hatte, guten Gebrauch gemacht? Was ist gelungen? Was ist misslungen? Habe ich meine Begabungen genutzt, bin ich den Verpflichtungen, die sie bedeuten, nachgekommen?

Bilanz dürfen jene selbstbewusst ziehen, die unter dem Strich ein stattliches Haben ausweisen. Was ist dagegen mit denjenigen, die sich eingestehen müssen, ihr Leben vergeudet zu haben? Ein zweites wird es nicht geben. Und überhaupt: Nach welchen Kriterien bewerte ich dessen Ertrag? Jetzt sind jene im Vorteil, die früh Bescheidenheit und Demut eingeübt hatten.

Das Resümee ist nicht ohne Gefahren und kann zur späten Tragik werden, wenn man überrascht einsehen muss, alles hätte ganz anders verlaufen müssen. Dabei geht es selten um missglückte Pläne, sondern eher um vertane

Chancen. Aus einem gelungenen Leben kann spät noch, im hohen Alter, ein misslungenes werden, und aus einem gelassenen alten Knaben ein verbitterter Greis. Nichts muss in der letzten Rechnung stimmen! Niemand wird nachprüfen, ob nach Treu und Glauben bilanziert wurde. Viele werden gut beraten sein, eine geschönte Bilanz jenseits der Realität abzuliefern – als Abschlusserklärung, die nicht an das Licht der Öffentlichkeit drängt, sondern ausschließlich für den privaten Gebrauch und den eigenen Seelenfrieden bestimmt ist. Niemand verlangt, dass wir die Ergebnisse preisgeben, sie dürfen reine, private Kopfgeburten bleiben. Es ist die hohe Zeit der Verklärung und Beschönigung. Alle wissen das und tun mit. Deswegen bleiben die meisten Lebensbilanzen Dokumente jenseits aller Kritik und sind dort gut aufgehoben.

Die Lebensbilanz ist für viele das letzte bedeutende Projekt, das sie in Angriff nehmen. Niemand zwingt uns. Aber das Bedürfnis nach einem Fazit dessen, was gewesen war, vermag eine unwiderstehliche Energie zu entwickeln. Man möchte wissen, was es mit den Jahrzehnten auf sich gehabt hat. Das Ergebnis beeinflusst zudem, wie wir sterben und den Tod erwarten. Sozialpsychologischen Untersuchungen zufolge gehen diejenigen, die überzeugt sind, auf ein gelungenes Leben zurückzublicken, gelassener durch die letzten Tage und Stunden als diejenigen, die zur Einsicht gekommen sind, ihr Leben vertan zu haben.

Wir sind zwar in der Regel davon überzeugt, unsere Vergangenheit autonom nach eigenen Plänen und Entscheidungen gestaltet zu haben. Ein Großteil eines jeden Lebens ist jedoch ohne viel eigenes Zutun verlaufen.

Wer zurückblickt, wird bald einsehen müssen, welch überragende Rolle der Zufall in seinem Leben gespielt hat. Einige nennen ihn »Schicksal«, andere »Gottes Fügung«, was genau besehen einen großen Unterschied macht, denn hinter dem Schicksal oder der Fügung verbirgt sich, aus welcher Feder auch immer, stets ein Plan.

Es gibt indes keinen Plan!

Trotzdem übereignen wir ihm, den es nicht gibt, gerne unser Leben, zumindest Teile davon. Die Sprunghaftigkeit des Zufalls ist uns unbehaglich, man hätte es lieber in geordneten Bahnen. So aber ist kein Leben. In jedem Augenblick treffen wir auf prinzipiell unzählige »zufällige« Randbedingungen, die uns zum Handeln drängen, für das wiederum unbegrenzt viele Alternativen zur Verfügung stehen. Aus dieser Vielzahl führt nur in seltenen Fällen ein eindeutig selbstbestimmter Weg. Pure Bewegungsfreiheit ist die Ausnahme. Viele unserer Entscheidungen sind aus einem unentwirrbaren Knäuel von Vorgaben, Unwissenheit und unmittelbarer Einsicht entstanden.

Das Leben ist vor allem Spontaneität und Unvorhersehbarkeit. Eindeutigkeit ist der seltene Sonderfall, das Unvermutete die Regel. Keiner braucht sich der Zufälle in seinem Leben zu schämen, denn von Beginn an war alles auf Zufall abgestellt.

Die Kirche war über viele Jahrhunderte bemüht, uns vor ihm zu schützen und die Gläubigen auf sicheren, überschaubaren Wegen zu führen. Seit der Aufklärung jedoch suchte sich jeder querfeldein seinen eigenen Weg durch das unwegsame Gelände.

Eine Zeit lang noch hielten Sitten und Tradition ein Le-

ben im Lot und gaben vor, wie sein Ertrag zu bemessen sei.
Wer seine Rolle in Familie, Beruf und Gemeinde erfüllt
hatte, durfte im hohen Alter auf ein gelungenes, verant-
wortungsvoll geführtes Leben zurückblicken und zufrieden bilanzieren. Diese Rahmenbedingungen sind längst in
Fluss geraten, haben sich verflüchtigt und sind nie durch
neue ersetzt worden. Viel fester Lebensgrund ist seither
verloren gegangen.

Das redliche Leben, eingehegt in soziale Pflichten, ist zur
Ausnahme geworden. Meiner Generation, die das Ich, Bedeutungslosigkeit und Mittelmaß ins Zentrum ihrer Existenz gestellt und damit das Scheitern abgeschafft hatte, fällt
das Bilanzieren leicht. Ein gelungenes Leben war für uns
frei von Beschwerden, reich an Eindrücken und voll gren-
zenloser Selbstbestimmtheit. Soziale Dimensionen, wie
die Verantwortung für andere oder Verpflichtungen aufs
Ganze, kommen darin nur am Rande vor. Es gibt kaum
verbindliche Maßstäbe, außer dem des persönlichen Wohl-
ergehens, an denen wir scheitern konnten.

Verschiedentlich haben wir in der GvD überlegt, gemeinsam Bilanz zu ziehen, aber das Vorhaben jedes Mal wieder
zur Seite gelegt. So nah sind wir uns dann doch nicht.
Stattdessen haben wir »Schach dem Zufall« gespielt und
versucht herauszufinden, an welchen Verkehrsknoten-
punkten unserer Leben der Zufall eine bedeutsame Rolle
gespielt hatte. Zu Beginn klopften wir wichtige Entscheidungen wie Studienort, Ausbildung, Berufs- oder Partner-
wahl, Wohnsitz, Kinderwunsch, Trennung oder Jobwechsel
auf ihre Zufallsträchtigkeit ab. Meistens stießen wir dabei

jedoch auf vorgefertigte, gut abgehangene Erzählungen, die der Wahrheit selten nahekamen.

Später haben wir das Spiel verfeinert und von der aktuellen Situation aus zurückgefragt:

»Warum bist du heute Abend gekommen?«

»KBW hat versprochen, mir einen Bildband über die namibische Wüste zu zeigen, den er im Antiquariat gefunden hat.«

»Die Wüste?«

»Dort war ich, vor, großer Gott, so vielen Jahren.«

»Was hat dich dorthin gebracht?«

»Ein Kommilitone hatte sich in der Mensa mit seinem Blechtablett auf den einzig freien Platz neben mich gesetzt. Stellte sich heraus, dass er Afrikanistik studiert. Wir kommen ins Gespräch, und vier Wochen später bin ich in der Wüste. Und nicht nur das.«

»Wenn der Platz nicht frei gewesen wäre?«

»Keine Wüste, nichts.«

»Stattdessen?«

»Keine Ahnung! Ein weiterer Sommer mit meinem damaligen Freund, in Bensheim an der Bergstraße.«

Sascha, so hieß der Afrikanist, musste plötzlich zurück, weil seine Mutter erkrankt war.

»Ich bin dann allein weitergefahren. Wir hatten uns ohnehin nicht so gut verstanden, und der Wagen war für zwei Wochen fest gebucht. Zwischen Otjiwarongo und der Etosha-Pfanne ist, ich weiß nicht, was, im Motor kaputtgegangen. Zwei Stunden später kommt ein deutscher Konsularbeamter mit einem Landrover vorbei und nimmt mich mit. Daraus ist eine schöne Freundschaft entstanden, die erst, als er meine Nachbarin im Fahrstuhl kennengelernt hatte, zu Ende ging.«

»Und wenn der Wagen ohne Panne gelaufen wäre?«

»Hätte ich Marek nicht kennengelernt.«

»Stattdessen?«

»Keine Ahnung, zumindest kein Lehramtsstudium.«

Je nachdem, wo man beginnt, kann ein und dasselbe Leben ganz unterschiedliche Verläufe nehmen. Jedes Mal entstehen Teile einer Biografie, von denen die Zielperson oft keine Ahnung hatte. »Schach dem Zufall« ist unerschöpflich, spannend und voller Einsichten, gelegentlich auch traurig und erschreckend, wenn verpasste Chancen oder falsche Entscheidungen, die bislang sicher im Vergessen eingelagert waren, an die Oberfläche kommen.

In solchen Situationen ist uns aufgefallen, wie ungelenk und hilflos wir mit dem »Trost«, dessen Einsatz jetzt gefordert wäre, umzugehen wissen. Der alte christliche Trost ist seit Langem als überholte Vorstellung entsorgt und steht uns nicht mehr zur Verfügung. Auch so ein Verlust, den wir gleichgültig hinnehmen, ohne zu bedenken, was uns damit abhandengekommen ist. Stattdessen der weltliche Trost, der kein Versprechen in die Zukunft mehr wagt – woher auch? –, sondern durch angemessene Worte oder Gesten die Bekümmernisse des anderen zu lindern versucht. Der Trost der Neuzeit beschwichtigt im besten Fall, er behebt nicht. Er wirkt im Augenblick und nicht auf Dauer. Aber er will trotzdem kundig betrieben sein.

Keiner von uns hatte in der Vergangenheit ausgiebig Erfahrungen mit ihm gemacht. Trost bezieht sich notwendig auf die Zukunft, in der es besser werden soll, als es im Augenblick erscheint. Wenn von der Zukunft jedoch nur noch kümmerliche Reste vorhanden sind, hat auch der Trost schweren Stand. Zudem wissen wir nur zu genau, dass es selten besser werden wird, im Gegenteil.

Im günstigsten Fall irrt der Trostbedürftige und kann mit überzeugenden Argumenten, etwa zu seinem Gesundheitszustand, eines Besseren belehrt und getröstet werden. Diese Form von Trost ist dem guten Rat, von dem oben bereits die Rede war, eng anverwandt. Trotz seiner offensichtlichen Zweckdienlichkeit ist ihm stets ein Moment der Besserwisserei eigen.

Eine verbreitete, gleichwohl verdächtige Form des Trostes ist der Hinweis, dass es anderen genauso oder schlechter geht. Solche Art von Trost speist sich aus trüben Quellen, denn er macht das Unglück Dritter zur Ursache eigenen Wohlbefindens. Das fremde Missgeschick steht zwar in keinem Zusammenhang mit dem eigenen, trotzdem ist ihm eine rätselhafte Kraft eigen. Deswegen bedienen wir uns seiner gerne und häufig.

Und schließlich der Trost für diejenigen, die noch mal davongekommen sind: »Du lebst, und das ist im Augenblick doch das Wichtigste!«

Tatsächlich kommt keiner auf Dauer davon. In Wirklichkeit gibt es nur eine wirkungsvolle, nachhaltige Art von Trost: die aus Zuneigung geborene feste Umarmung, gemeinsame Tränen und die Gewissheit, dass auf den anderen Verlass ist. Echter Trost entzieht sich der Beredsamkeit und ist reine Zugehörigkeit.

Wer solche Ermutigung bei Freunden abrufen kann, geht gerüstet in die letzte Zeit.

»Das glaubt dir kein Mensch«, behauptet KBW, der mir beim Schreiben über die Schulter geschaut hat, trocken. »Ich habe geahnt, dass du eine heimliche Neigung zum Nippes hast, nur das Ausmaß war mir verborgen geblieben. Sie steht dir auch nicht. Zu viel verbale Empathie, während deine soziale nur in Ansätzen vorhanden ist, wie wir alle wissen. Trotzdem«, fügt er friedfertig hinzu, »kannst du recht haben.«

Gesine, die Buchhändlerin, mag das Spiel nicht. Sie hält es für frivol. Sie glaubt an Vorherbestimmung und eine Kraft im Irgendwo, die unser Schicksal bis in die Einzelheiten bestimmt. Wir anderen sind zu höflich nachzufragen, wer sich wo und aus welchem Grund die Arbeit macht, unsere Lebenswege vorzuzeichnen und dafür zu sorgen, dass anschließend alles nach Plan verläuft. Nur KBW, der Spötter, erzählte ihr einmal nebenbei von seinen morgendlichen Fährnissen: »Mir sind heute zwei Haare ausgefallen, ich konnte die Zahnbürste nicht finden, ganz zu schweigen von der kleinen Wunde, die ich mir beim Rasieren zugefügt habe«, und fragte Gesine scheinheilig: »War das alles vorherbestimmt und durch wen auch immer in Szene gesetzt?«

Daraufhin brach sie in Tränen aus.

Seither halten wir stille, wenn es um das Schicksal geht.

Bei diesen Gelegenheiten ist mir aufgefallen, was mir in meinem Leben entgangen ist. Ich hätte neben manch anderem gerne ein Instrument gelernt, eine Leinwand aufgespannt, Theater gespielt, Tanzen geübt oder zeitig begriffen, wie zart und zerbrechlich Zuneigung sein kann und wie sorgfältig man bei der Wahl seiner Partner vorgehen muss. Jetzt ist es zu spät. Ich kann nur ernüchtert und manchmal enttäuscht die vergeudeten und verpassten Chancen zur Kenntnis nehmen.

Wenn es nach Einbruch der Dunkelheit besinnlich wird in der GvD, trauern wir ihnen gelegentlich gemeinsam nach. Es wäre »mehr drin gewesen«, heißt es dann sehnsüchtig, unter den verständnisvollen Blicken der anderen, denen es ebenso geht.

Es sei »nie zu spät«, versuchen wir dann zu trösten.

Es *ist* zu spät!

GELASSENHEIT

»Das Gras wächst nicht schneller,
wenn man daran zieht.«

AFRIKANISCHES SPRICHWORT

Was hat es eigentlich mit dieser Gelassenheit, die in jedem Altersbewältigungsratgeber ganz vorne auf der Tugendliste steht, auf sich? Die Häufigkeit, mit der sie erwähnt wird, lässt vermuten, dass sie in der Lage sei, einige der Misslichkeiten und manche Beschwernisse, die sich im Alter notwendig einstellen, zu lindern, wenn nicht gar aus der Welt zu schaffen. Freilich, die Aufforderung, »gelassen« zu sein, ist schnell dahingesagt und ähnelt der sinnlosen Empfehlung, das beste Mittel gegen Armut sei ein »volles Bankkonto«.

Neu ist sie auf dem Basar der guten Ratschläge nicht. Demokrit schreibt ein halbes Jahrtausend vor der Zeitenwende: »Kraft und Schönheit sind die Vorzüge der Jugend, Blüte des Alters aber ist die Gelassenheit.« Seither zieht sich die Gelassenheit wie ein roter Faden durch das Nachdenken darüber, wie ein spätes Leben zwischen Verfall und Furcht, Genuss und Verantwortung zu führen sei.

Wer einst der Überzeugung war, nach der weltlichen Existenz beginne ein ewiges Leben, der hatte gut gelassen sein. Die Zeiten sind indes vorbei. Gelassenheit kommt nicht mehr von oben, sondern will erworben werden.

In jüngerer Zeit hat sich Papst Johannes XXIII. des Themas, das im Schoß seiner Kirche über zwei Jahrtausende aufgehoben war, erneut angenommen und zehn »alltagstaugliche Gebote« vorgeschlagen, sich der Gelassenheit zu nähern.

»Nur für heute werde ich nicht versuchen, alle meine Probleme zu lösen«, heißt es da, und er fährt fort: »Nur für heute werde ich niemanden kritisieren oder verbessern, außer mich selbst.« Weiter geht es im Text: »Nur für heute werde ich keine Angst haben, zehn Minuten anspruchsvolle Lektüre zu lesen und eine gute Tat zu vollbringen, von der ich niemandem erzähle«.

Damit bezeugt der Heilige Vater, dass die Gelassenheit nicht nur in der Hand des Schöpfers ihre Heimat hat, sondern Menschenwerk ist, und wie dieses stets zerbrechlich und vergänglich.

Um was aber handelt es sich bei diesem Stoff, der uns Alten so eindringlich ans Herz gelegt wird?

Gelassenheit hat nichts mit jener »Coolness« zu tun, von der heute häufig die Rede ist. Coolness ist eine Geste und Erzeugnis der Modeindustrie. Gelassenheit indes ist auf Dauer eingerichtet, kaum zu beeinflussen und akzeptiert zwei unabänderliche Einsichten: die Endlichkeit des Lebens und die Erfahrung, dass der Weg dorthin ruppig werden kann.

Sie ist keine Gerätschaft, sondern eine Charaktereigenschaft, die es ihrem Eigentümer erlaubt, in unübersichtlichen Situationen besonnen zu reagieren und Entwicklungen zu akzeptieren, die ohnehin nicht zu ändern sind. KBW, nebenbei, hält nicht viel von Gelassenheit. Mit ihrer Hilfe sollen wir ruhiggestellt werden, vermutet er, und uns »gelassen« mit niedrigen Renten, vollen Wartezimmern und unzugänglichen S-Bahn-Stationen abfinden. Er fordert stattdessen Ungeduld und Unruhe. Andernfalls fahren die »Schlitten mit uns«. Es ist dies freilich die Meinung eines Einzelnen, der zeit seines Lebens, wenn auch nur theoretisch, gegen den Strom geschwommen war.

Tatsächlich ist die Gelassenheit ein Prunkstück des Alterns! Ein Graukopf im schlichten Gewand der Selbstbeherrschung zählt zu den eindrucksvollsten und ergreifendsten Erscheinungen, derer wir fähig sind. In ihr verbinden sich Haltung, Melancholie und Hinnahme zu einem anrührenden Wesenszug, der seinen Ursprung in der Einsicht hat, dass die Zeiten der Suche und des Neuerwerbs vorüber sind, während die Vergänglichkeit endgültig auf der Tagesordnung steht.

Gelassenheit ist eine »anmutige Form des Selbstbewusstseins«, heißt es bei Marie von Ebner-Eschenbach. Der Gelassene hat das Wesentliche im Griff und hält sich genügsam zurück. Wer gelassen ist, kann mit vielem fertigwerden. Und »Vieles« steht im Terminkalender eines jeden Alten, der sich gegenüber Endlichkeit, Krankheiten und Einsamkeit, um nur einige zu nennen, durchsetzen muss. Wer von sich behaupten darf, oder besser, wem die Freunde das Attribut »gelassen« zueignen, der jedenfalls hat für die letzte Strecke bewährtes Rüstzeug bei sich.

Doch wie erwirbt man den kostbaren Stoff?

Es gibt Randbedingungen, die der Gelassenheit förderlich sind: ein behaglicher Platz hinter dem Ofen, ein Teller warmer Suppe, Gesundheit, gute Freunde und eine intakte Familie. Sie ersetzen zwar nicht die Gelassenheit, aber vermindern die Herausforderungen, zu denen Gelassenheit gefordert ist: In sicherer Umgebung ist leicht gelassen sein!

Wer die Unterscheidung von wichtig und unwichtig, die uns ein ganzes Leben lang durchaus nützlich begleitet hatte, entschlossen zur Seite legt, ist auf gutem Weg. Die Kategorie der Bedeutsamkeit hat ausgedient, denn sie verlangt ständig Entscheidungen, aus denen dann Konsequenzen zu ziehen sind. Dem Gelassenen ist im Alter alles ähnlich wichtig. Damit befreit er sich vom Entscheidungszwang. Das entlastet und trocknet eine Quelle unerschöpflicher Konflikte aus.

Wer auf Zukunft nebst ihren Plänen und Projekten verzichtet und stattdessen der Gegenwart den Vorzug gibt, ist ebenfalls auf gutem Weg, denn die Zukunft verunsichert, der Augenblick beruhigt. Wer mit kühlem Blick sich selbst und seine Umgebung betrachtet, Schonungslosigkeit nicht scheut und beginnt, sich im Detail von der Vergangenheit zu trennen, der bereitet das Terrain für die Entwicklung persönlicher Gelassenheit. Es geht konkret um Aufräumen und Wegwerfen, um die Entsorgung von Altpapier und verholzten Erinnerungen, denn die frische Luft leerer Stuben schafft Raum für Gelassenheit. Wer mit sich selbst »im Reinen« ist und begriffen hat, warum und wozu er die Jahre verbracht hat und den Ertrag seines Lebens zu bestimmen weiß, tut sich leichter, gelassen zu werden.

Und schließlich verhilft Schicksalsergebenheit, »Amor fati«, von der Nietzsche sagt, »sie sei von nun an meine Liebe«, der Gelassenheit zu einem soliden Fundament. Wer sich, ohne zu verzweifeln, dem Schicksal und seinen unergründlichen Plänen anvertraut, ist auf der letzten Strecke ein gutes Stück vorangekommen.

Ich vermute, obgleich das niemand gerne hört, dass die Begabung zur Gelassenheit uns in unterschiedlichem Maße zugeteilt wurde. Einige beherrschen sie aus dem Stand, andere bemühen sich ohne jeden Erfolg um sie und bleiben bis zu ihrem Ende angespannt, nervös und ängstlich.

Der beste Platz, sich der Gelassenheit zu versichern, ist ein bequemer Schaukelstuhl, eine Armlänge neben der Realität. Die liegt jetzt in den Händen unserer Nachfahren, und man tut gut daran, Abstand von ihr zu halten. Denn die Gelassenheit, der stets ein Moment der Weltfremdheit eigen ist, gedeiht am besten jenseits der Wirklichkeit.

LEIB UND LEID

»Kein Mensch hält ewig.
Einige halten etwas länger.«
BERTOLT BRECHT

Altern heißt, von wenigen glücklichen Ausnahmen abgesehen, auch leiden. Das Leid in seiner unendlichen, oft brutalen Mannigfaltigkeit gehörte, wie die Luft zum Atmen, einst zur Biografie eines jeden. Von Kindesbeinen an mussten unsere Vorfahren Schmerzen als Folge von Verletzungen und Krankheiten ertragen, ganz zu schweigen von Not, Kriegen und Naturkatastrophen. Allgegenwärtig war die Gefahr, einer Infektionskrankheit zum Opfer zu fallen. Ab Mitte dreißig begannen die Zähne zu faulen. Oft dauerte es Jahre, bis der letzte Zahn unter unerhörten Schmerzen gefallen war und der gehärtete Gaumen dessen Aufgaben übernahm.

Allgegenwärtig war auch der Verlust von Geschwistern, Eltern, Freunden und Verwandten. Wer damals ins Erwachsenenalter kam, hatte Tod und Sterben in all ihren oft brutalen Formen häufig und in unmittelbarer Anschauung kennenlernen dürfen. Wenn der Mensch dann die letzten Wochen und Monate des eigenen Lebens in Angriff nahm, war er gerüstet, ihren Herausforderungen fügsam zu begegnen. Er hatte ausreichend Gelegenheiten gehabt, sich vorzubereiten.

Aus dem Leben meiner Generation hingegen ist die Erfahrung von Schmerz und Vergänglichkeit bis auf Reste getilgt. In der Windstille, die dem Zweiten Weltkrieg folgte, haben wir uns das Leid sorgfältig und erfolgreich vom Leib gehalten. Meist durften wir ein unbeschwertes, sorgloses, gelegentlich frivoles Leben führen. Den Tod haben wir achtlos, wie die Zeitung von gestern, zur Seite gelegt. Wir haben folglich nur geringe Kenntnisse im praktischen Umgang mit Leid und dessen Begleitern Gram und Verzweiflung, Kummer und Furcht, um nur einige zu nennen. Wer Leid gelernt hat, weiß, mit ihnen umzugehen. Uns hat es niemand gelehrt. Dennoch beginnen die Verletzlichkeit des Leibes, die unvermeidbaren Folgen der Jahre und deren Mitläufer unaufhörlich in unser Leben vorzudringen.

KBW, der stets sorgfältig und kenntnisreich den Stand der Dinge beobachtet, stellt eines Abends unvermittelt die Frage: »Wisst ihr, was ein ›Traveljohn‹ ist?«

Wir wissen es nicht und geben uns auch keine Mühe zu erraten, was es damit auf sich hat.

»Das ist eine längliche kleine Plastiktüte, die mit irgendwelchen Körnern gefüllt ist. Wenn du dort reinpinkelst, verbinden sich Körner und Pisse zu einem Brei, der im Handumdrehen fest und geruchlos wird. Anschließend kannst du die Tüte unauffällig entsorgen, zum Beispiel in deiner Jackentasche.«

Er schaut uns erwartungsvoll an, während wir überlegen, wem das Ding nützlich sein könnte.

»Stellt euch vor: Donald Sutherland hat es kürzlich in der Oper benutzt und die Tüte dann unauffällig unter dem Sitz seines Vordermanns verstaut.«

»Der Schauspieler?«

»Genau der.«

»Und Donald bleibt nicht unbeachtet, wenn er in die Oper geht.«

»Sag ich doch! Umso erstaunlicher, dass er so selbstverständlich dieses Teil benutzt.«

»Ist das nicht der aus dem Remake der ›Body Snatchers‹?«

»Korrekt. Weißt du übrigens, welches Ende Don Siegel ursprünglich geplant hatte?«

»»Die Snatchers übernehmen‹.«

»Wieder korrekt!«

»Kann man den Film heute überhaupt noch anschauen?«

»Unbedingt, er ist aktueller denn je!«

»Für mich ist er eine Allegorie auf die Situation in unserem Alter, in dem fremde Kräfte sich deines Körpers bemächtigen«, meldet sich Lore zu Wort. »Du lebst nichts ahnend vor dich hin, und auf einmal beginnt er, sich selbstständig zu machen, als ob ihn eine unbekannte Macht übernommen hätte und ihn zwingen würde, nach ihren Regeln zu agieren. Und diese Regeln kennen nur ein Ziel: seine Vernichtung.«

Wir hatten ihr schweigend zugehört.

»So hab' ich das bisher nicht gesehen«, meint Theo schließlich. »Ich dachte, es war unterhaltsames B-Science-Fiction.«

»Gibt es Rettung?«

»Vor den Body Snatchers schon, vor deinem eigenen Leib nicht.«

In diese oder eine ähnliche Situation gerät jeder unweigerlich, wenn ihn sein Schicksal nicht rechtzeitig aus dem Leben nimmt. Wir sind hier an jenem unauflösbaren Knotenpunkt angelangt, von dem es elegant heißt: »Jeder will alt werden, aber niemand alt sein.«

Unsere Vorfahren hatten sich unter Anleitung der Kirche gegen die bedrohliche Zwangsläufigkeit der eigenen Endlichkeit pfiffigen Trost einfallen lassen. Sie teilten sich in zwei Teile: in den sündigen Leib und die kostbare Seele, verbunden mit der Zusicherung, dass der eigentliche Mensch in der Seele seine Heimat habe. Eine geniale Idee, die über viele Jahrhunderte guten Dienst tat. Sie war allerdings nicht ganz neu. Schon Sokrates war in der festen Überzeugung gelassen in den Tod gegangen, dieser sei nichts weiter als »die Trennung der Seele vom Leib«, und gab damit ein anrührendes, unvergängliches Beispiel für lebenspraktische Philosophie.

Die Kirche füllte Jahrhunderte später die Vermutung des großen Philosophen mit konkretem Inhalt. Der Leib war demnach fürs Vergnügen zuständig, musste dafür aber seine Vergänglichkeit nebst all ihren lästigen Begleiterscheinungen hinnehmen. Die Seele indes verzichtete auf das, was die irdische Existenz an Genüssen bereithielt, und wurde für ihre Zurückhaltung im Diesseits mit der Unsterblichkeit im Jenseits belohnt.

Freilich, irgendwann kamen die Menschen ins Grübeln und fragten sich, wo die Seele im Körper ihren Platz hatte, wie sie beschaffen war – stofflich, feinstofflich oder substanzfrei? –, wie sie zu unserem Bewusstsein stand, wo sie vor der Zeugung gewesen war, welches ihr zukünftiger Aufenthaltsort sein würde und andere Fragen und Zweifel mehr. Heutzutage sind diese Probleme für die Mehrzahl von uns radikal gelöst: Das Konzept der Seele und ihrer Unvergänglichkeit spielt in unserem Dasein kaum noch eine Rolle. Geblieben ist uns der Leib, an dessen Sterblichkeit sich leider nichts geändert hat.

Bislang war der Leib uns meist ein unauffälliger Begleiter, mittels dessen wir uns die Welt angeeignet haben, und das Gefäß, in das unser Bewusstsein eingebunden war.

Wenn von »Heimat« die Rede ist, meint man gewöhnlich Dinge wie Landschaft, Kommune oder Freundeskreis. Unsere erste Heimat indes ist der eigene Körper. Mit und durch ihn treten wir in die Welt hinaus. Die geografische Heimat dürfen wir verlassen, dem Leib hingegen bleiben wir stets und untrennbar verbunden. Wie ein guter Kamerad geht er meist still und unauffällig mit uns durchs Leben. Er ist sowohl Quelle wie auch Ort all jener sinnlichen, leiblichen und geistigen Erfahrungen, die das Leben in unfassbarem Reichtum bereithält: Zärtlichkeit und Gegenseitigkeit, Kunst in ihrer grenzenlosen Vielfalt, Anstrengung und Gelassenheit, Liebe und Genuss. Der Leib ist entweder selbst Ursache dieses Segens, oder er vermittelt ihn über die Sinne. Sogar das reine Denken bleibt in Gänze auf ihn angewiesen. Zudem weiht er uns praktisch in das Wirken der Kausalität ein, jenes Grundprinzip der belebten und unbelebten Natur, ohne dessen Erkenntnis der Mensch Tier geblieben wäre.

Es gibt und gab zwar ungezählte Leiber, aber jeder ist ein Unikat, das die Natur ihrem Besitzer zur freien Verfügung mitgegeben hat. Eines Tages wird sie ihn zurückfordern, um ihn anschließend zu entsorgen. Bis dahin bleibt er unser kostbarstes Gut. Wir wären deshalb gut beraten, sorgsam mit ihm, wie auch mit denjenigen der anderen, umzugehen. Jeder Blick auf die Gegenwart und zurück in die Geschichte bezeugt indes, dass wir von Beginn an mit unfassbarer Grausamkeit über ihn hergefallen sind, ihn geschunden, geschlachtet, gequält und erschlagen haben. Häufig hat man den Eindruck, wir Menschen hätten alles nur Denkbare unternommen, um unsere kollektive Leiblichkeit zu vernichten, so, als ob die Seelen unaufhörlich versucht gewesen wären, sich gewaltsam aus ihrem Gewahrsam zu befreien.

Das Christentum hat sich zu diesem rätselhaften Kannibalismus bekannt, indem es den gemarterten Sohn des Schöpfers in das Zentrum seiner Erzählung gestellt und versucht hat, der verstörenden menschlichen Grausamkeit die Liebe entgegenzusetzen. Die Erfolge können wir im aufgeklärten zwanzigsten Jahrhundert besichtigen. Heute sind wir dabei, die Voraussetzungen zu vernichten, die der Leib braucht, um zu überleben. Auf lange Sicht wird das vermutlich das tauglichste Mittel gewesen sein, uns seiner endgültig zu entledigen.

Die Menschen haben von Beginn an wenig unversucht gelassen, seine Geheimnisse zu entschlüsseln. Einiges hat er preisgegeben, aber, so erklärte mir ein Arzt, bei dem ich lange in Behandlung war: »Wir kommen zwar voran, doch hinter jeder Entdeckung verbergen sich zehn neue Rätsel.

Recht besehen wissen wir mit fortschreitenden Erkenntnissen immer weniger. Meine Wissenslücken sind nach zwanzig Berufsjahren größer, als sie es zu meiner Studienzeit waren.«

Normalerweise vergessen wir die Existenz unseres Leibes und werden seiner erst gewahr, wenn Krankheiten oder Verletzungen seine wundersame Mechanik bedrohen. Mein Leib ist mit wenigen Ausnahmen über die Jahre seinen Pflichten mit der Diskretion und Zurückhaltung eines Hotelangestellten in einem der großen Häuser nachgekommen. Jetzt im Alter macht er sich jedoch auf Dauer und offenbar mit unguter Absicht bemerkbar. Er, dem ich über die Jahrzehnte mit Zigaretten, grob überschlagen dreihunderttausend Stück, Alkohol und Leibesfülle einiges zugemutet hatte, beginnt zu schwächeln.

Vor zwanzig Jahren wäre ich an meinen Beschwerden vermutlich verstorben. Heute hält mich der medizinische Fortschritt vorläufig am Leben. Ich bin nur noch zum Teil ein Geschöpf der Natur, der andere Teil ist zu einem Produkt der Gesundheitsindustrie geworden.

Das entspricht, nebenbei, den Ergebnissen einer Langzeitstudie, bei der zehntausend Amerikaner über viele Jahrzehnte regelmäßig medizinisch untersucht und auf ihre Gewohnheiten hin befragt wurden. Dabei schälten sich sechs Faktoren heraus, die für die Gesundheit im Alter von überragender Bedeutung sind: drei »No nos« und drei »Do dos«, wie die US-Wissenschaftler mit ihrer Vorliebe für gepfefferte Formeln berichten.

Die »Dos« lauten: Erfolg im Beruf, verlässliche soziale

Kontakte und körperliche Bewegung. Seine Finger sollte man von Zigaretten, Alkohol und gehaltvoller Nahrung lassen. Versagt man in zwei der sechs Bereiche, hat man keine Chance, gesund achtzig zu werden. Ich kann das bestätigen!

Nun wird nachgebessert. Die letzte Zigarette ist vor vielen Jahren ausgedrückt, die abendlichen Gläser bleiben halb voll, und im Fitnessstudio um die Ecke halte ich mit meinesgleichen die Geräte in Schwung.

»Schadet nichts, aber übertreib es nicht«, befindet mein Arzt unsentimental und verweigert positive Aussichten.

Es ist zugig geworden in der alten Heimat meines Leibes. Die Gewissheit, dass er seine Pflichten wie in der Vergangenheit schon erfüllen würde, ist einer beharrlichen Furcht gewichen, er könnte versagen. Diese Furcht hat sich unbemerkt in mir eingenistet wie ein Schwarm Wespen unter dem Gebälk. Jetzt rächen sich die durchzechten Nächte, vollen Aschenbecher und der gedankenlose Umgang mit Freunden und Bekannten. Die Rechnung kommt auf den Tisch. Sie ist saftig und nimmt wenig Rücksicht auf meine Vermögensverhältnisse.

Mein eigener Leib, mit dem ich mehr als mit jedem anderen erlebt und durchgemacht habe, kennt jetzt kein Erbarmen. Er meldet sich ständig und ohne erkennbaren Anlass in den vielfältigsten und stets bedrohlichen Formen zu Wort: als kurzer, stechender Schmerz, verdächtige Flecken oder als Schwindel, Sausen, Pfeifen und rätselhafte Schwäche der Sinne. Meist sind es kleine Unregelmäßigkeiten, die darauf hindeuten, dass etwas nicht in Ordnung ist, und die befürchten lassen, dass hinter der Kulisse weitaus bedrohlichere Gestalten auf ihren Auftritt warten.

Jede dieser Unregelmäßigkeiten nehme ich neuerdings mit großer Genauigkeit wahr und untersuche sie umgehend auf ihr Katastrophenpotenzial. Ich befinde mich in einer Art Daueralarm, ohne darüber zu reden, wenngleich ich gerne würde. Aber es langweilt und ängstigt die anderen. Also stille sein, selbst wenn es schwerfällt.

Es kann vorkommen, dass ich mich mitten im Gespräch unterbreche und ernsthaft erkläre: »Ich glaube, es ist so weit, ich habe Druck auf der Brust.«

»Das Herz ist aber auf der anderen Seite.«

»Ach so, dann wohl doch noch nicht.«

Schon lässt der Druck nach.

Was aber wollte mir mein Leib sagen? Erfreulich kann es nicht gewesen sein.

Meine Einstellung zum Körper und die seinige zu mir verändern sich. Immer häufiger habe ich das Gefühl, ein Feind, seelenlos wie ein Krokodil und unbarmherzig wie ein Hai, wächst in mir heran. Während die Feinde meiner Vergangenheit meist verhandlungsbereit und Kompromissen zugänglich waren, verweigert der Leib hartnäckig den Handschlag zur Versöhnung. Im Gegenteil: Er rüstet unentwegt weiter auf. Seine Waffen sind Verfall, Siechtum und Hinfälligkeit. Sie werden vielfältiger und heimtückischer. Außer den sinnlosen Ratschlägen der Altersbewältigungsindustrie habe ich ihnen wenig entgegenzusetzen. Auch die Flucht, das letzte Mittel, um einem überlegenen Feind zu entwischen, verbietet sich. Ich kann meinem eigenen Leib, mit Ausnahme des endgültigen Abschieds, nicht entkommen. Bis dahin bin ich seiner Erbarmungslosigkeit ausgeliefert.

Es trennt sich, was lange Jahre untrennbar zusammengehörte. Mein Leib teilt sich jetzt in »sich« und »mich«. Einst übte ich unangefochten die Herrschaft über seine und meine Aktivitäten aus und bestimmte bis auf wenige Ausnahmen das Wo und Wie. Nun nimmt er sein Schicksal selbst in die Hand, und meines gleich mit. Er entscheidet, was ich tun darf und was ich zu unterlassen habe. Er zeigt mir Grenzen auf und schränkt unaufhörlich meinen Tatendrang ein, bis er zu jenem letzten Augenblick vollends erloschen sein wird. Man möchte aus der Haut fahren, geht aber nicht.

Wer sich gegen den Niedergang wehrt, wird schnell erkennen, dass der Adressat seiner Auflehnung identisch mit der Waffe ist, die ihn bekämpfen soll. Das ergibt eine Gefechtslage, der das Scheitern von Beginn an eingezeichnet ist. Der Leib, den einst Geschicklichkeit, Ausdauer und Kraft ausgezeichnet haben, ist Teil jener Vergänglichkeit, die bekämpft werden soll. Er wird zur Negation seiner selbst. Früher hatte er mir das Tor zur Welt geöffnet und war mir treuer Begleiter durch deren Fährnisse und Ernstfälle. Jetzt schließt er das Tor hinter mir zu.

Was tun? Verdrängen, nachrüsten, erdulden und die neuen Produkte zur Verlängerung des Lebens in Augenschein nehmen. Von ihnen haben die Menschen seit jeher geträumt. Über Jahrhunderte lag das Angebot in den Händen von Zauberern, Druiden oder Medizinmännern und war mehr Versprechen als Realität, mehr Hoffnung als Tat. Ihr Verkaufserfolg beruhte vor allem auf der Leichtgläubigkeit und dem Bangen der Kundschaft. Aus dem

Zaubertrank und den dunklen Sprüchen von einst ist in der Zwischenzeit eine handfeste, erfolgreiche Wissenschaft geworden und aus deren Ergebnissen ein Geschäftsfeld, dessen Wachstum keine Grenzen kennt. Die Heilkunst hat sich seither in zwei Sparten aufgeteilt: Die eine, klassische, kümmert sich weiterhin um Krankheiten, die im Laufe eines Lebens jedem zustoßen können. Die zweite bringt ein neues Produkt auf den Markt: »zusätzliche Lebenszeit«. Die beiden Formen medizinischer Praxis unterscheiden sich wesentlich in einem Punkt: Der ersten folgt normalerweise das Leben, der zweiten stets der Tod. Der neue Wirtschaftszweig löst das erloschene Jenseitsversprechen der Kirche ab, das, nebenbei, auch nicht ganz billig zu haben war, wenn man die Kosten für das kirchliche Personal und seine Gotteshäuser über die Zeiten in Anschlag bringt.

Rechtzeitig für die Ansprüche meiner Generation an die Heilkunst hat sich die Lebensverlängerungsindustrie entwickelt. Früher oder später wird jeder in unterschiedlichem Ausmaß und abhängig vom Geldbeutel ihre Produkte in Anspruch nehmen wollen. Sie ist das ideale Geschäftsmodell für die allgegenwärtige Marktwirtschaft. Deren Problem ist, neben anderem, die Unzuverlässigkeit der Kundschaft und damit verbunden die stets schwankende Nachfrage. Gestorben jedoch wird immer! Und länger leben möchte jeder.

Die neue Industrie wird in naher Zukunft weltweit einer der ertragreichsten Wirtschaftszweige werden, höchstens übertroffen durch die Beseitigung der Schäden, die der Klimawandel mit sich bringt. Denn sie handelt mit dem kostbarsten Stoff seit der Entdeckung der Sterblichkeit: Lebenszeit. Die Hoffnungen und Begehrlichkeiten von acht Milliarden Kunden, vorausgesetzt, sie haben gut gefüllte Bankkonten oder teure Versicherungspolicen, drängeln sich wie beim Sommerschlussverkauf in der Hohen Straße zu Köln vor den Auslagen.

Jüngstes Geschäftsfeld ist der Organhandel, dessen Produkte bei dem ungünstigen Verhältnis von Angebot und Nachfrage vorläufig jedoch den Gutbetuchten vorbehalten bleiben. Gelegentlich hört man von armen Teufeln aus der Dritten Welt, die ihre Organe hergeben, um sich zusätzliche Lebenszeit in Form von Essen und Trinken zu gönnen. Die Berichte sind so verstörend, dass selbst kritische Medien nur ungern Notiz von ihnen nehmen. Die Entwicklung steht noch am Anfang. Ihre sozialen und wirtschaftlichen Auswirkungen sind erst in Umrissen bedacht.

»Organe sind eine sensible Ware«, erklärte mir ein Arzt, der in der Branche tätig ist. »Ihr Wert liegt für den Betroffenen im Unermesslichen. Das ist der Stoff, aus dem unweigerlich Korruption und Bestechung gemacht sind. Ist dir aufgefallen, wie selten darüber berichtet wird? Weil niemand genau wissen will, was wirklich geschieht. Die Wahrheit wäre zu hässlich.«

Merkantil betrachtet erfüllt der jüngste Industriezweig alle Voraussetzungen eines idealen Produkts. Die Nachfrage ist unerschöpflich, nach seinem Verzehr verschwindet es spurlos, und seine Qualität lässt sich im Gegensatz zu der von Automobilen, Lebensmitteln oder Klamotten selten eindeutig beurteilen. Das einfachste Kriterium, die Dauer, kann den Kunden nicht mehr interessieren, denn nach deren Bestimmung ist er tot. Gleiches gilt für Reklamationen, wenn der erhoffte Ertrag ausgeblieben ist: »Mir waren sechs Monate zusätzlicher Lebenszeit in Aussicht gestellt worden. Nun bin ich nach dem vierten bereits verstorben«, wird sich niemand beschweren wollen.

Überdies besteht die Kundschaft zum überwiegenden Teil aus verzweifelten Menschen. Verzweiflung aber trübt den Blick, macht gefügig und dankbar auch für den letzten Strohhalm. Jedem Kunden ist beim Erwerb der Ware bewusst, dass deren Verfallsdatum der eigene Tod sein wird. Das setzt der Bereitschaft und Befähigung zur Beschwerde enge Grenzen. Charakteristisch für die Erzeugnisse des neuen Geschäftszweigs ist mithin jene Form der Obsoleszenz, von der Keynesianer stets und erfolglos geträumt hatten. Sie ist ein perfekter Nährboden für endloses Wirtschaften.

Voraussetzung für dessen Wachstum in den letzten beiden Jahrzehnten war der rasante medizinische Fortschritt. Als Johannes die Diagnose »Krebs« erhielt, gaben ihm die Ärzte nur noch wenige Monate zu leben. Mittels neuer Präparate wurden schließlich achtzehn daraus, von denen er keinen Augenblick lassen wollte. Aber letztlich hatte er keine Chance.

Im August 2017 erkrankte die kleine Emily Whitehouse an akuter lymphoblastischer Leukämie. Die Bemühungen der Ärzte um ihr Leben blieben lange erfolglos. Schließlich stimmten die Eltern einer damals kaum erprobten Behandlungsmethode zu, mit deren Hilfe die Tumorzellen erfolgreich bekämpft wurden. Die kleine Amerikanerin überlebte und ist heute frei von Krebs.

»Wir geben den Leuten ihr Leben zurück«, stellte das Pharmaunternehmen Novartis zutreffend fest. Aber das hat seinen Preis. 475 000 Dollar verlangte der Konzern für das Medikament Kymriah, das Emily am Leben hielt. Zukünftige Gentherapien, von denen man sich ähnliche Erfolge erhofft, werden kaum billiger sein. Die medizinische Versorgung während des Vorlaufs zum Tode wird damit zu einem grenzenlosen und überaus kostspieligen Geschäftsfeld.

Die Entwicklung steht erst am Anfang. Die Zahl der Fälle, bei denen neue Therapien zur Anwendung kommen, ist wegen ihres häufig experimentellen Charakters überschaubar – im Gegensatz zu den Kosten. Die gehen ins Unermessliche. Mit jeder neuen Therapie für bislang unheilbare Krankheiten steigt zudem die Zahl der Hilfesuchenden.

Die Deutschen leben jedes Jahr im Durchschnitt drei Monate länger. Alter ist teuer, der medizinische Fortschritt ebenfalls. Die Zahl der Beitragszahler nimmt ab, die der Leistungsempfänger zu. Die Sozialversicherungen werden bis zu den Grenzen ihrer Belastbarkeit und darüber hinaus gefordert sein. Der übliche Ausweg, den Fehlbetrag über Steuern auszugleichen, verbietet sich, denn die ohnehin überlasteten Jüngeren, die noch in Lohn und Brot sind, können kein weiteres Mal zur Kasse gebeten werden. Im Gesamthaushalt einer Nation spielt es keine Rolle, ob die Finanzierung der Sozialsysteme über Steuern oder Beiträge erfolgt, stets werden sie aus den Taschen der Berufstätigen beglichen.

Jeder medizinische Fortschritt, für den es naturgemäß

keine Grenzen gibt, lässt die Kosten steigen. Der Augenblick wird kommen, zu dem wir Chancen zur Lebensverlängerung zuteilen müssen. Wir werden zu entscheiden haben, wessen Leben unter welchen Umständen verlängert werden soll. In Demokratien muss diese Frage demokratisch beantwortet werden. In anderen Staatsformen kommen die Mächtigen zum Zuge.

Diejenigen, die in Berlin gelegentlich über den Tellerrand hinausschauen, ahnen, was eines Tages auf sie zukommen wird, mögen jedoch nicht laut darüber nachdenken. Vermutlich in der richtigen Erkenntnis, dass unser politisches System für Entscheidungen dieser Art nicht ausgelegt ist. So bleibt es vorläufig bei der Gebührenordnung und Arbeitserleichterungen für ausländische Pflegekräfte.

Das verlängerte Leben schenkt dem einen zusätzliche Lebenszeit, dem anderen Leidenszeit und der Mehrzahl in unterschiedlichem Maße von beiden. Mit jedem gewonnenen Monat erhöht sich die Chance, an Demenz in ihren vielfältigen Formen zu erkranken oder einen Schlaganfall zu erleiden. Krankheiten, die bis zur achten Lebensdekade meist dem Ableben zum Opfer gefallen waren, werden heute zum Massenschicksal der Betagten.

Als meine Mutter, die als Presseattachée an der Pariser Botschaft Dienst getan hatte, in Rente ging, bezog sie eine Dachwohnung im Quartier Latin und verbrachte dort einige gemütliche Jahre inmitten einer kleinen, aber treuen Freundesschar. Eines Tages wurde sie überraschend krank und in eine französische Klinik eingewiesen. Kaum genesen, kündigte sie ihre Wohnung, ließ Möbelpacker kommen, kehrte der Stadt den Rücken und zog nach München. Dort ist sie zwei Jahrzehnte später nach zahlreichen gesundheitlichen Havarien, die sie dank vorzüglicher ärztlicher Behandlungen überlebte, hochbetagt und altersschwach gestorben.

»Du kannst in Frankreich leben, aber du darfst dort nicht krank werden, es sei denn, du bist wohlhabend. Sehr wohlhabend«, begründete sie die überraschende Entscheidung, ihr Leben auf neue Beine zu stellen.

Ganz unrecht hatte sie damit nicht. Einer Untersuchung der WHO zufolge waren von Kindern, die in den skandinavischen Ländern an einem Gehirntumor erkrankt waren, fünf Jahre später noch achtzig Prozent am Leben, in Mexiko und Brasilien hingegen nur vierzig Prozent. Zahlreiche andere Forschungsberichte kommen zu ähnlichen Ergebnissen: Die Qualität der medizinischen Betreuung ist weltweit ungleich verteilt und in hohem Maß von Wohnort, Nationalität und Einkommen des Patienten abhängig. Da möchte man nur ungern den britischen, italienischen oder griechischen Gesundheitssystemen ausgeliefert sein, dem amerikanischen ebenso wenig – es sein denn, man verfügt über volle Taschen.

Seit den bismarckschen Sozialreformen hat zumindest hierzulande jeder Mensch Anspruch auf ärztliche Hilfe. Der UN-Menschenrechtskatalog vom Dezember 1948 kennt, trotz zahlreicher Ergänzungen, dagegen bis heute kein explizites »Recht auf Gesundheit«, wenngleich sich dieses aus Artikel 1 (»Alle Menschen sind frei und gleich an Würde und Rechten geboren«), und Artikel 25 (»Jeder hat das Recht auf einen Lebensstandard, der seine und seiner

Familie Gesundheit und Wohl gewährleistet, einschließlich ... ärztlicher Versorgung«) zwingend ergeben könnte. Wäre Gesundheit ein Menschenrecht wie Freiheit, Diskriminierungsverbot oder Gleichheit vor dem Gesetz, dann müssten die Chancen auf Gesundheit weltweit angeglichen werden. Wir hätten unseren hohen Standard mit anderen zu teilen, was ohne Verluste hierzulande nicht denkbar ist.

Warum komme ich als Deutscher in den Genuss einer Herzklappe, während der Osteuropäer mit ähnlichen Beschwerden geringere Chancen auf das Ersatzteil hat und mit Sicherheit vor mir sterben wird? Weil ich als Bürger dieser Republik Anspruch auf medizinische Leistungen habe, die anderen nur in Ausnahme und schon gar nicht als Anspruch zur Verfügung stehen.

Wer nicht das Privileg hat, in einer Versicherungskultur wie der unsrigen zu leben, wird viel geringere Chancen haben, medizinische Leistungen zu erhalten, die uns selbstverständlich zustehen. Von kostspieligen Lebensverlängerungsmaßnahmen ganz zu schweigen. Der Rest ist Menschenwerk und fehlbar, wie ich selbst erfahren musste. Die Auslese findet täglich millionenfach statt. Weltweit.

PERSONENSCHADEN
AM ALEX

KBW liest jeden Tag die *BILD-Zeitung* und berichtet anschließend von seiner Lektüre. Ein bekannter Schauspieler hofft, in die Jahre gekommen, dass ihn, wenn es ans Sterben geht, der Tod so überraschend und schnell wie ein »Blitzstrahl treffen« möge. »Beiseiteräumt«, sagt KBW, mit dem Recht auf freie Berichterstattung. Ein anderer wiederum träumt davon, abends einzuschlafen und »tot aufzuwachen«.

»Witzig«, murmelt KBW, »hätt' ich ihm gar nicht zugetraut.«

Gesine blättert in dem Buch, das sie gerade beschäftigt. »Ich will, dass der Tod mich beim Kohlpflanzen antreffe, aber derart, dass ich mich weder über ihn noch gar über meinen unfertigen Garten gräme«, liest sie daraus vor. »Ist von Montaigne.«

Beifälliges Gemurmel in der GvD. Unsere Zustimmung hat er. Auch wenn uns das Kohlpflanzen, wie überhaupt jegliche Gartenarbeit, fernliegt, sieht man einmal von den üppigen Gewürzkräutertöpfen auf den Küchenfenstersimsen ab.

»Bei meiner Mutter steht der plötzliche Tod ganz oben

auf der Wunschliste der Todesarten«, berichtet Lore. So hätten wir es auch gerne. Zack, weg! Wir wollen Hals über Kopf aus dem Leben, ohne dem Leiden eine Chance zu lassen. Das Grämen und Trauern überlassen wir gerne den Zurückgebliebenen.

Die mittelalterliche Furcht »Mitten im Leben sind wir vom Tod umfangen« spielt in unserer Gegenwart keine Rolle mehr. Wir haben den Tod neutralisiert und beiseitegelegt. Dort ist er vorläufig prima aufgehoben.

Wir wollen nicht sterben, sondern beiläufig aufhören zu leben.

Das ist genau das Gegenteil von dem, wie unsere Vorfahren einst hatten gehen wollen. Die wünschten sich, Abschied zu nehmen, um Nachsicht zu bitten, ihr »Sach'« zu richten und eine geordnete Zukunft zu hinterlassen. Denn Verstorbene und Hinterbliebene waren durch die Hoffnung auf ein Wiedersehen im Jenseits, eine vielfältige Erinnerungskultur und die christliche Fürbitte über lange Zeit eng miteinander verbunden. Hinzu kam die Verantwortung gegenüber dem von Gott geschenkten Leben. Was der Schöpfer gegeben hatte, das würde er nach seinem unergründlichen Plan wieder zu sich nehmen wollen, und niemand hatte das Recht, es in eigene Regie zu nehmen.

Wir hingegen wollen uns, am besten bei gesundem Leib, zügig aus dem Staub machen. Mit der Zukunft haben wir ohnehin nicht mehr viel zu schaffen. Die Loyalität gegenüber der christlichen Erzählung und damit verbunden deren auf Dauer gestelltes Heilsversprechen sind uns fremd. Abschied und Emotionen, Verzweiflung, Treue und Tränen liegen uns ebenfalls nicht. Der spurlose, rasche Abgang –

das ist unser Ding. »Als ob nichts gewesen wär'.« Was für die überwiegende Mehrzahl der vergangenen Leben ja auch stimmt.

Das klingt erst einmal herzlos und feige, was es in der Tat ist. Zugleich ist es jedoch eine kluge Antwort auf die unausweichliche Tatsache des nahenden und jeden Augenblick als reale Möglichkeit mitlaufenden Todes. Die Trostquellen der Vergangenheit zur Eindämmung dieser Urangst sind versiegt. Der Heroismus des bewussten Gangs auf den letzten Moment hin will uns in einer Welt ohne Helden nicht mehr gelingen, und den Lebenssinn hat die Moderne entsorgt.

Schließlich hat die hohe soziale und geografische Mobilität getrennt, was einst verbunden war. Dem Sohn eines Taglöhners, aus dem ein Akademiker geworden ist, wird die ferne Grabstätte der Eltern nur noch selten Ort der Erinnerung sein.

»Wir haben nichts gegen den Tod, aber Sterben wollen wir auch nicht«, merkt Ilse Aichinger ratlos an.

»Meinen ehemaligen Schwiegervater«, berichtet Gesine, während sie aus der Distanz einer Armlänge ihre frisch lackierten Fingernägel begutachtet, »hat es in der U-Bahn-Station am Alex erwischt. Morgens verlässt er vergnügt die Familie, und eine Stunde später liegt er tot auf dem Bahnsteig. Nicht ganz«, korrigiert sie sich. »Gerade als ihn der Schlag trifft, steht er an der Bahnsteigkante und fällt vor einen Zug, der just in dem Augenblick einfährt. Das war dann doch eine ziemliche Schweinerei.«

»Egal«, bemerkt KBW trocken, »er hat ja nichts mehr davon mitbekommen.«

»Er nicht, aber wir, und das nicht zu knapp. Meine Mutter musste später identifizieren, was die U-Bahn von ihm übrig gelassen hatte.«

»Nicht eben viel, denk ich.«

»Im Gegenteil, das war ja das Schreckliche.«

Lore weiß Ähnliches zu berichten und lässt uns daran teilhaben.

»Ein Arbeitskollege von mir ist an der Haltestelle Hufelandstraße der M4 zusammengebrochen und von zwei Polen gerettet worden.«

»Polen?«

»Genau. Stellt euch vor, sie hatten kurz zuvor einen Erste-Hilfe-Kurs absolviert, weil sie zu schnell gefahren waren und erwischt wurden. Deshalb wussten sie, was zu tun war. Die haben so lange gepumpt, bis der Rettungsdienst kam.«

»Wenn die korrekt gefahren wären, gäbe es keinen Strafkurs, kein kundiges Pumpen, und dein Bekannter wäre tot. So hängt alles miteinander zusammen«, bemerkt KBW. »Ist er schließlich gerettet worden?«

»Körperlich schon. Aber es war zu viel Zeit vergangen. Von seinem Gehirn war kaum was übrig geblieben, fast gar nichts eigentlich«, fügt sie bekümmert hinzu.

»Heißt was?«

»Er war blind, konnte kaum mehr hören und war gelähmt.«

»Da fehlt doch einiges zum guten Leben.«

»Den Mittelfinger der rechten Hand konnte er noch bewegen, und seine Verdauung funktionierte prächtig, wenn auch völlig unkontrolliert.«

»Konnte er sprechen?«

»Klar, ›Fischers Fritz fischt frische Fische‹! Nein, war ein Witz, nur noch unverständlichen Silbensalat.«

»Wie lange lebt so was?«

»Theo, pass auf deine Sprache auf!«

»Vier Jahre«, erwidert Lore. »Stell dir vor, du hast das seltene Glück, und der Tod erwischt dich beim Kohlpflanzen in der U-Bahn. Du bist bereits frohgemut und gelassen auf der Reise ins Jenseits, als irgendein Idiot, der es gut mit dir meint, dich zurückholt. Du wachst auf und bist ein Wrack, liegst fortan vier Jahre auf dem Rücken und machst in die Hose.«

»Wie ging's weiter?«

»Die Familie ist gut betucht und konnte sich rund um die Uhr eine Pflegekraft leisten. Die hat ihn umsorgt, gewaschen und gefüttert. Freunde von ihm hatten zudem einen Vorlesedienst eingerichtet. Die haben ihn besucht und mit ihm geredet, als ob nichts wäre. Ich war ab und zu dabei. Es war gespenstisch. Er lag auf dem Rücken und starrte unentwegt auf einen riesigen Bildschirm, der auf Höhe seiner Füße angebracht war.«

Sie unterbrach sich und überlegte, ob sie fortfahren sollte.

»Links am Bett hing ein Beutel, in den aus einem fingerdicken Schlauch, der unter der Bettdecke hervorkam, ständig Urin tropfte. Ein paarmal habe ich erlebt, dass die Pflegekraft kam, ihn grob auf den Bauch drehte, den Hintern abwischte, als sei er ein Neugeborenes, und neue Windeln anlegte. Aber wisst ihr, was das Schrecklichste war?«

»Woher?«

»Die ganze Zeit hat er heftig mit dem einzigen Finger,

in dem ihm noch Bewegung geblieben war, gewedelt, als
wolle er sagen: ›Schau, was ich noch alles kann!‹«

Sie hielt einen Augenblick inne.

»Wir haben bis zuletzt nicht gewusst, ob er etwas verstanden hat. Peter hat auf der Gitarre gespielt und dazu
gesungen. Das scheint ihm gefallen zu haben, vermuten
wir zumindest, denn auch seine Mimik war erloschen. Sein
Gesicht war grau und leblos wie ein Bimsstein.«

»Sie installieren jetzt Defibrillatoren an allen U-Bahn-
Stationen, damit ihnen keiner entgeht.«

»Dort holt sich die Gesundheitsindustrie neue Kundschaft«, erklärt KBW, der gerne den Gesamtüberblick hat.

»Die gehören wieder abgehängt.«

»Ich möchte das nicht.«

»Das wirst du kaum verhindern können! Wer den Defi
hängen lässt, während vor ihm jemand mit Herzinfarkt
zusammenbricht, macht sich unterlassener Hilfeleistung
schuldig.«

»Zum Teufel mit der Hilfeleistung. Das rasche Sterben ist
eines der kostbarsten Geschenke, die das Leben bereithält!«

»Man sollte ständig ein T-Shirt tragen, auf dem ›Bitte
keine Herzmassage!‹ steht.«

»Oder ›Defi-freie Zone!‹«

»Einige werden aber auch unbeschädigt ins Leben zu-
rückgeholt.«

»Klar, wenn sie so weiterleben, sind sie natürlich froh.«

»Wie alt war dein Bekannter?«

»Fünfzig plus!«

»Das war früh, traurig für ihn.«

»Unsinn! Er hockt ja nicht auf dem Bahnsteig und betrachtet sich bekümmert als Leiche. Der bedauert auch nicht, dass er nicht noch einige Jahre geblieben ist. Der betrachtet und denkt überhaupt nichts mehr, weder über das Leben, sein Sterben noch den eigenen Tod.«

»Stimmt. Aber die Hinterbliebenen müssen sehen, wie sie damit zurechtkommen.«

»Jeder ist ständig in Gefahr, Hinterbliebener zu werden. Das ist die Maut fürs Leben. Die einzige Chance, dem zu entgehen, ist die, selbst Hinterbliebene zu schaffen.«

Der Tod führt, ebenso wie sein illegitimer Halbbruder, der Freitod, in unseren redseligen Zeiten ein merkwürdiges Schattendasein. In der Neuzeit tauchen beide in eine »farblose Unbehaglichkeit«.

Verlohnt es sich überhaupt, über das Ende zu reden? »So wenig wie über die Frage, ob morgen die Sonne wieder aufgehen wird«, erklärte meine hochbetagte Mutter entschlossen, als ihr zerbrechlicher Gesundheitszustand eine solche Frage nahelegte. Warum aber folgt jedem Leben notwendig der Tod? Aus den darwinschen Prinzipien lässt sich dieser unerbittliche Zusammenhang nicht ableiten, denn Verstorbene werden keinen Kampf ums Überleben mehr führen können. Der Tod mag zwar vernünftig und funktional sein, aber die Natur kennt weder Vernunft noch ein übergeordnetes Funktionalitätsprinzip.

Kurz, wir wissen nicht, woher er kommt. Wir wissen jedoch, dass ohne ihn kein Leben zu haben ist und dass wir gut beraten sind, ihn zu akzeptieren. Was die Trauer um Verstorbene nicht ausschließt.

Wie wird dem Menschen in der Urzeit zumute gewesen sein, als er zum ersten Mal begriff und erkannte, dass sein

Weggefährte, der nach einem Raubtierangriff nun reglos vor ihm lag, »tot« war? Als ihm erstmals bewusst wurde, dass er nun allein sein würde, die Stimme seines Begleiters nicht mehr hören, dessen Atem nicht mehr spüren und seine Hilfe nicht mehr in Anspruch nehmen konnte? Diese Einsicht ist wahrscheinlich eine der wichtigsten Evolutionssprünge in der Geschichte des Homo sapiens. Er trennt den Menschen von nun an auf alle Zeiten vom Tier und macht ihn zu einer neuen, einmaligen Erscheinung unter den Geschöpfen.

Von diesem Punkt an beginnt notwendig das lange Nachdenken über uns selbst, das nun schon Jahrtausende andauert. Trotzdem sind wir immer noch nicht in der Lage, uns den eigenen Tod vorzustellen. Den anderer schon, aber wir sind außerstande, uns selbst als nicht existent zu denken. Wir können uns zwar ausmalen, eines Tages die Person auf der Bahre zu sein, aber wir sind unfähig nachzuvollziehen, wie es sich anfühlen wird und wie es sein wird, tot zu sein. Es gibt keine Melodie des Todes, die wir pfeifen könnten.

Die Philosophie hat sich zwar des sperrigen Sujets von Beginn an und immer wieder mit großem Bemühen angenommen, aber eine Philosophie, deren Ergebnisse sich nicht irgendwann in konkreter Anschauung niederschlagen, bleibt auf Dauer brotlose Kunst, oder sie wird zur Religion, als »Gegengift zur Gewissheit der Vergänglichkeit«. Deswegen haben die Philosophen das verdrießliche Thema gerne wieder zur Seite gelegt.

Geblieben ist die gewitzte Einsicht von Epikur: »So ist also der Tod, das schrecklichste aller Übel, für uns ein

Nichts: Solange wir da sind, ist er nicht da, und wenn er da ist, sind wir nicht mehr. Folglich betrifft er weder die Lebenden noch die Gestorbenen, denn wo jene sind, ist er nicht, und diese sind ja überhaupt nicht da.«

Epikurs hübsche Volte tröstet zwar nicht, aber da uns der Tod notwendig fremd und unseren Erfahrungen unzugänglich bleibt, verlohnt es nicht, über ihn zu grübeln oder sich seinetwegen zu ängstigen. Wer ihn trotzdem fürchtet, den schilt Sokrates einen Schwindler: »Denn den Tod fürchten … das ist nichts anders als sich dünken, man wäre weise … denn niemand weiß, was er ist, nicht einmal, ob er nicht für den Menschen das Größte ist unter allen Gütern.«

Das Christentum hat sich des Themas von Beginn an frontal angenommen und versucht auf zweifache Weise, der Sterblichkeit Herr zu werden: durch das Fortleben im Jenseits und die Entwertung des irdischen Lebens als bloßem Vorlauf zum Paradies. Damit verbunden ist, was man heute »Konsumverzicht« oder »Nachhaltigkeit« nennen würde: ein bescheidenes Leben in den Grenzen der Herkunft, das sorg- und sparsam mit der Natur umgeht, um den Nachkommen eine unbeschädigte Umwelt zu hinterlassen. Mag sein, diese Genügsamkeit war der listige Versuch der Evolution, den Planeten vor der Gier der Menschen zu schützen. Die Hoffnung hat sich nicht erfüllt.

Heute haben wir uns der Verpflichtung zu einem bescheidenen Leben entledigt, führen einen erbarmungslosen Vernichtungskrieg gegen die Zukunft und sind dabei, den Planeten zu verzehren. Die Rüstigen aus meiner Alterskohorte werden die Folgen des Raubbaus noch erleben dürfen. Sie müssen sich dann im Bewusstsein verabschieden, dass ihre Generation trotz besseren Wissens nicht in der Lage gewesen war, das Vorhersehbare zu verhindern.

Die Philosophen unserer unmittelbaren »Vorzeit«, der Aufklärung, sprechen ebenfalls ungern vom Tod. Er stört die Vorstellung vom mündigen Menschen, der sein Schicksal selbst in der Hand hat. Es liegt kein tieferer Sinn in ihm. Mürrisch merkte Kant einmal an, die Sterblichkeit sei der »demütigendste Ausspruch, der über ein vernünftiges Wesen nur gefällt werden kann«. Wo der Tod das Sagen hat, sind der Vernunft die Hände gebunden. Von deren Standpunkt aus kann über seine Unvermeidbarkeit hinaus nichts gesagt werden. Also schweigt man besser.

Einzig die Opernmusik des 19. Jahrhunderts hat eine Form gefunden, dem Tod zu begegnen. In den großen Sterbeszenen der Epoche erklingt ein betäubendes musikalisches Gift, das jenseitssüchtig macht, dem Tod für Augenblicke den Schrecken zu nehmen vermag und schließlich in den Schützengräben des Ersten Weltkriegs eine apokalyptische Erfüllung findet.

Eingangs des zwanzigsten Jahrhunderts heißt es knapp und illusionslos bei dem italienischen Anthropologen Paolo Mantegazza: »Es reicht, nicht daran zu denken.«

Die Vergänglichkeit als zwangsläufiger Teil des Lebens hat kein Geheimnis mehr. Wir wissen nicht so recht, wohin mit ihr. Am besten, sie macht sich aus dem Staub und belästigt uns nicht weiter.

Gelegentlich kommt das Thema in der GvD zur Sprache, findet aber kaum Interesse. Keiner möchte sich die letzten Jahre mit »so was«, das ohnehin nicht mehr zu ändern ist, »versauen lassen«.

Kurzum – nach mehr als tausendjährigem Nachdenken über den Umgang mit dem Tod und den Weg dorthin, sind wir nach wie vor einzig auf die bewährte menschliche Tugend angewiesen: gelassen, aufrecht, bewusst und diszipliniert die letzte Strecke Wegs zu gehen.

WER GEHEN WILL,
SOLL GEHEN DÜRFEN!

»Eines Tages werden wir sterben.«
»Ja, aber an allen anderen Tagen nicht.«

SNOOPY

»Ich hasse den Tod«, gesteht die Schriftstellerin Friederike Mayröcker unumwunden ein, während sich William S. Burroughs mit der Einsicht tröstet: »Im Vergleich zu Katzen ist man ja relativ unsterblich.« George Tabori befindet lapidar: Der Tod »war mir immer eine fremde Sache«.

Der Tod muss sich heutzutage leichtfertigen Umgang gefallen lassen. Die Moderne hat vor ihm kapituliert und das Nachdenken über ihn bis auf Reste eingestellt. Nicht einmal Ratgeber zum Thema erscheinen mehr, was bezeugt, dass die Sache endgültig abgelegt wurde. Stattdessen rückt das Sterben in den Mittelpunkt der Überlegungen. Vor ihm haben wir Respekt. Ich kenne keinen alten Menschen, der Angst vor dem Tod hätte, vor dem Sterben schon. Wir befürchten, in die Hände der Lebensverlängerungsindustrie zu fallen, endlosem Leiden ausgesetzt zu sein oder dement zu verdämmern.

So wie das Leben nicht ohne den Tod zu haben ist, so

ist der nicht ohne das Sterben zu haben, den langen »Gang zum Schafott«, wie KBW erklärt.

Diesen Gang versuchen wir durch den medizinischen Fortschritt, bewusste Lebensführung und Sterbehilfe zu verzögern und so angenehm wie möglich zu gestalten. Eine Form der Sterbepflege, freilich, der Freitod, wird seit vielen Jahrhunderten streng unter Verschluss gehalten. Dabei ist bereits der Begriff kostbar. Er enthält die edelste Ikone der Aufklärung: die Freiheit. Im Gegensatz zum Tod könnten wir über den Freitod nach Gutdünken verfügen, wenn er uns nur würdevoll zugänglich wäre.

Wolf Biermann berichtet von einem Disput mit dem Philosophen Emile Cioran, der ihm in Paris erklärte, was den Menschen vom Tier unterscheide, sei der Suizid, denn in ihm sei »unsere Menschenwürde« aufgehoben. Trotzdem halten das Christentum und seine zahlreichen Teilkirchen den Freitod seit jeher in Beugehaft. Sie sprechen stets drohend von »Selbstmord« und bringen ihn wohlüberlegt mit dem schlimmsten Verbrechen, nämlich Mord, in enge Verbindung. Zudem ist der Suizid Todsünden-bewehrt und kann selbst durch göttliche Gnade nicht verziehen werden. Er führt unmittelbar in die ewige Verdammnis, die nach allem, was wir von ihr wissen, ein äußerst ungemütlicher Ort ist, insbesondere dann, wenn man dort eine Ewigkeit verbringen soll. Ganz zu schweigen von dem feuchten Platz im hintersten Winkel eines Friedhofs, der dem Todsünder zugeteilt wird, falls er Hand an sich gelegt hatte.

Dermaßen geächtet, hatte der Freitod über lange Zeit keine Chance, als eine Form menschlicher Praxis Anerkennung zu finden. Nach dem Großreinemachen seit der Aufklärung ist den Kirchen jedoch allerlei schweres Gerät zur Glaubensabsicherung abhandengekommen: die Erbsünde, eine Leihgabe des heiligen Augustinus, die Hölle, der badische Groschenmohr, das Fegefeuer und die leibliche Auferstehung. Selbst das ewige Leben im Jenseits, einst das Prunkstück des kirchlichen Heilsversprechens, verschwindet undeutlich hinter einem dichter werdenden Grauschleier des Zweifels. Die Verfügung über den Tod ist daher das Letzte, was der Kirche geblieben ist. Verliert sie auch dieses Terrain, bleibt wenig, was ihre Existenz noch rechtfertigt. Die naheliegende Konzentration auf soziales Engagement wäre der Weg in die Bedeutungslosigkeit. Das Christentum würde auf Dauer in Arbeiterwohlfahrt und Rentenkassen aufgehen, denn das Fundament jeder Religion ist der unhinterfragte Glaube und nur als Beigabe das gute Werk.

Die Geschichte seit der Aufklärung ist neben anderem der lange Prozess einer zunehmenden Befreiung. Nach und nach wurden Feudalherrschaft, soziale Schranken aller Art und Glaubensvorschriften beiseitegeräumt. Nachdem das Terrain von ihnen gesäubert war, kannte die Befreiung keine Grenzen mehr, und bevor man sich's versah, war sie bis in die letzten Poren der Alltäglichkeit vorgedrungen. Seitdem ist fast alles von allem befreit worden: die Frisur vom Friseur, die Noten von der Leistung, die Sexualität von der Fortpflanzung sowie der Umgang von den Manieren. Und gerade sind wir dabei, auf lange Sicht den Globus vom Menschen zu befreien. Womöglich ist das der natürliche Abschluss unseres Gastspiels auf Erden. So wie jeder

Einzelne von uns gehen muss, geht eines fernen Tages die ganze Spezies.

Eine Freiheit indes hat es bislang nicht bis zur Tat für alle geschafft: die der Verfügung über das eigene Leben, die Freiheit, dieses selbstbestimmt und im Besitz seiner geistigen Kräfte zu beenden. Der Gesetzgeber zwingt uns, ohne Rücksicht auf die entwürdigenden Umstände, unter denen es häufig ans Sterben geht, zum Weiterleben.

Bei meinen Lesereisen quer durch die Republik kam gegen Ende jeder Veranstaltung, ob in Achern, Harsewinkel oder Gütersloh, das Gespräch unweigerlich auf das Recht zum Freitod. Ich kann mich an keine einzige Wortmeldung erinnern, die nicht seine Legalisierung gefordert hätte. Wenn es, nach meinen Erfahrungen, einen verlässlichen Konsens in dieser Republik gibt, dann den, den Tod freizugeben.

Gelegentlich und stets halbherzig greift die Politik das sperrige Problem auf, um es bald wieder unerledigt zur Seite zu legen. Denn beim kleinsten Anzeichen von Bewegung in der Sache melden sich die Kirchen drohend zu Wort, und mit denen ist schlecht Kirschen essen. Jeder Politiker, der sich des Themas annimmt, muss mit entschlossener Gegenwehr und einem Gegner rechnen, der sich seit vielen Jahren auf sein letztes Gefecht vorbereitet. Er ist fest verankert in den wichtigen gesellschaftlichen Milieus und kennt alle Argumente und deren populäre Widerlegungen. Dem hat ein Neuling im Geschäft vorerst wenig entgegenzusetzen. Deswegen lässt der gut beratene, zukunftssichere Politiker die Finger von dem bedrohlichen Thema. Zudem sind mit schwer kranken Todessüchtigen auf Dauer keine

Wahlen zu gewinnen. Die führt man erfolgreich mit hoffnungsvollen Inhalten, die eine bessere Zukunft in Aussicht stellen. Der Freitod indes hat das Gegenteil im Gepäck. Die Zurückhaltung der Politiker aller Couleur ist obendrein der Einsicht geschuldet, dass die Nutznießer ihrer Bemühungen diese durch ihre Stimmabgabe häufig nicht mehr honorieren können.

Unter solchen Voraussetzungen sind die Chancen gering, dass der Freitod in absehbarer Zeit Zugang in die Vorhaben und Wahlkämpfe unserer politischen Parteien finden wird. Das hätte eine tiefe, grundsätzliche Auseinandersetzung zur Voraussetzung. Politik beschränkt sich gegenwärtig auf den Vollzug und scheut die große Debatte.

Begründet wird die Mutlosigkeit mit der Befürchtung, auf die Freiheit zum Eigentod folge ein Massenmorden an alten Menschen, durchgeführt von gierigen Erbanwärtern, die den Tod des vermögenden Vorfahren nicht mehr erwarten können. Die Praxis in den Niederlanden und im US-Bundesstaat Oregon bezeugt das Gegenteil: Dort erhalten hoffnungslos erkrankte Patienten, denen qualvolle Wochen und Monate bevorstehen, die notwendigen Medikamente, um ihrem Leben wann und wo und mit wem sie wollen ein Ende zu bereiten. Dort wird gestorben wie eh und je, nur selbstbestimmt, bei klarem Bewusstsein und ohne Qualen.

»Das Sterben ist ein Teil des Lebens«, behaupten andere, es müsse, wie das Leben selbst, durchlebt werden. Nur so käme es zu einem sinnvollen Abschluss. Der eigene Tod ist jedoch *kein* Teil des Lebens, was sich auch daran erweist, dass er aus dem Leben heraus nicht vorstellbar ist.

Der Tod ist die totale Unverbundenheit mit allem, ein Teil von nichts.

Der Weg dorthin, das Sterben, ist eine Erfahrung wie andere auch, mit dem einzigen Unterschied, dass sie keinem erspart bleiben wird. Was jeder Einzelne durchmachen muss, ist zwar unvermeidlich, aber nicht unbedingt erstrebenswert, und die Natur sieht keine Strafen für diejenigen vor, die sich entschlossen haben, aus eigenen Stücken zu gehen.

Vor der Entscheidung, sein Leben selbst zu beenden, wird jeder für sich die Frage beantworten müssen, ob er den Leidensweg, der vor ihm liegen mag, noch durchleben will und ob es sich verlohnt, von nun an für jede Minute Lebenszeit einen hohen Preis zu entrichten. Bin ich dazu bereit, oder nehme ich mir die Freiheit, den Vertrag zu leben aufzulösen?

Als ich vor einigen Jahren begann, mir Gedanken über das Leben jenseits der Rentenberechtigung zu machen, stellte ich eine Liste ergiebiger Aktivitäten zusammen, die ich nun in Angriff nehmen wollte: Reisen selbstredend, Spanisch lernen, intensiv Sport treiben, Gitarre spielen, Kochen, Segeln, Wandern, Museen besuchen, Freundschaften eingehen und schließlich das Selbst, den Seelenersatz im technischen Zeitalter, hegen und pflegen. Dicke Bücher mit bedeutsamem Inhalt wollte ich lesen und ein Bändchen mit Gedichten auf den Markt bringen. Es sollte ein reichhaltiges, erfülltes Leben werden, das gleichermaßen der Zerstreuung wie der Kultur verpflichtet war.

In der Zwischenzeit hat dieser Warenkorb spürbar an

Gewicht verloren. Das Reisen ist beschwerlich, das Wandern ist zum Spaziergang im nahen Volkspark geworden. Die spanischen Vokabeln wollen nicht mehr im Gedächtnis haften bleiben, das Gitarrenspiel leidet unter der Unbeweglichkeit meiner Finger, und der Sport beschränkt sich auf gesundheitsfördernde Maßnahmen. In den Museen fällt mir die Muße vor den Bildern schwer, und zum Kochen braucht es Geschmack, auch der hat nachgelassen. Meine Gedichte seien peinlich, haben mir die Töchter versichert, und aus Büchern, die schwer in der Hand liegen, ist leichte Unterhaltungsware geworden. Aus dem einst reichhaltigen Angebot ist ein Leben in Überresten geworden. Man ist nur noch vorhanden.

Häufig, ohne auf Einzelheiten eingehen zu wollen, bin ich krank gewesen und habe viel Zeit in Zweibettzimmern und in Rehakliniken verbracht. Ich habe das still erlitten. Jetzt aber hätte ich gern die Prokura über mein Ableben, weniger als einem Moment der absoluten Freiheit, sondern aus einem Gemisch aus Furcht und Feigheit, Scham und Rücksichtnahme sowie dem Wunsch, über mein Vermächtnis in den Köpfen der Hinterbliebenen selbst entscheiden zu dürfen.

Gelegentlich schaue ich an hohen Fassaden empor und überlege, »ob es reichen würde«. An Bahnsteigen trete ich zwei Schritte zurück, wenn ein Zug einfährt, unsicher, ob ich meinen Impulsen trauen kann. Auf Aussichtsplattformen schaue ich fasziniert und ängstlich aus sicherem Abstand zur Brüstung in die Tiefe.

Ich würde mich gerne davonschleichen. Wem entsteht Schaden, wenn ich das Leben nicht mehr in Anspruch nehme? Meine Krankenversicherung, die ich weit über meine Beiträge in den zurückliegenden zwei Dekaden in Anspruch genommen habe, würde es mir sicherlich nachsehen.

Es ist nicht der Tod, der mir Sorge bereitet, sondern der Weg dorthin, das Sterben. Die Erzählungen von langen, zähen, entsetzlichen letzten Wochen und Monaten als Folge des medizinischen Fortschritts werden zahlreicher und detailintensiver. Jeder kennt solche Geschichten. Sie rücken bedrohlich näher wie eine Rotte Untoter. Auf diese Auswirkungen ärztlicher Kunstfertigkeit würde ich gerne verzichten wollen, auch wenn es bedeutet, einige Monate weniger zu leben.

Das Thema wird zu einem ständigen Hintergrundrauschen und kann jederzeit abgerufen werden. In der Zwischenzeit ist die Hemmschwelle, darüber zu reden, so niedrig geworden, dass ich mich selbst mit flüchtigen Bekannten über die Chancen und das Recht auf den Freitod austausche, als ob es um die Bundesligaergebnisse vom vergangenen Wochenende ginge. Nichts drängt zur Tat, aber die Gedanken kommen und gehen und begleiten uns ständig wie der eigene Schatten.

In der GvD hat jeder eine Patientenverfügung in ihrer schärfsten Form hinterlegt.

»Ein Mitesser, und ich bin auf und davon«, pflegte Johannes, der dann doch bis zum Ende leiden musste, in diesem Zusammenhang zu sagen.

Das Thema kommt, obwohl wir es nicht mögen, in regelmäßigen Abständen zur Sprache. Es ist unergiebig, zäh und voll giftiger Energien, die zwar schnell wieder verfliegen, aber ein Erschrecken über den Drang, der plötzlich, wenn auch vorläufig folgenlos, über uns gekommen war, zurücklassen.

»Sturz oder Aufprall« schließen wir aus. »Kannst du niemandem zumuten, weder denen, auf die du fällst, noch deinen Angehörigen, die deine Reste aufsammeln müssen.«

KBW hat sich ein Buch mit dem Titel »Exit« aus den Vereinigten Staaten besorgt, in dem fernab aller ethischen Überlegungen pragmatisch zum Freitod angeleitet wird.

»Wie die Amis so sind«, erklärt er. »Tu, was du für richtig hältst, aber tu's!«

Für uns, denen der Apothekerschrank verschlossen bleibt, gibt's demnach nur die ALDI-Tüten-Lösung. »Du ziehst dir eine Plastiktüte über den Kopf, schließt sie am Hals mit einem leichten Gummiband ab, nimmst einige Schlaftabletten und wartest, bis der Sauerstoff in der Tüte aufgebraucht ist. Irgendwann wirst du bewusstlos, und schließlich tritt der Herzstillstand ein.«

»Klingt einfach.«

»Ist es im Grunde auch, vorausgesetzt, dich entdeckt niemand und holt dich mit halbem Gehirn ins Restleben zurück.«

»Ein Freund von mir«, mischt sich Gesine ein, »hat genau das versucht. Er liegt also auf dem Sofa unter einer Kaufhof-Tüte und ist gerade dabei einzuschlafen, als das Telefon klingelt. Verwirrt und orientierungslos reißt er sich die Tüte vom Kopf, murmelt irgendwas in den Hörer und schläft ein. Am nächsten Morgen wacht er auf und denkt, er sei tot. Ist er aber nicht. Er hätte sich schon gewundert, erzählt er später, wie sehr das Jenseits dem Diesseits ähneln würde.«

»Was ist aus ihm geworden?«

»Er war sauer auf den Anrufer und hat ihm vorgeworfen, er hätte ihm das Sterben verpfuscht.«

KBW muss lachen. »Auf die Idee eines verpfuschten Sterbens bin ich noch nicht gekommen. Leben schon, aber Sterben? Und wie geht's weiter?«

»Mein Freund hat seinem Retter das Überleben nie verziehen, er hat, nebenbei bemerkt, noch zwanzig Jahre gelebt und ist schließlich dem Parkinson erlegen.«

»Was wird man wohl in den Sekunden nach dem Sprung aus dem sechsten Stock noch denken?«

»Nichts, was die Nachwelt interessieren könnte!«

Wir alle haben bereits Erfahrungen mit Vollnarkosen gemacht. So etwa stellen wir uns die Sache vor. Eine Spritze oder Tabletten und dann ein schnelles, ruhiges Einschlafen.

»Statt aufzuwachen, bleibst du einfach liegen.«

»Ohnehin mein Ding«, meint Karl, ein Gast, der nach einem Schlaganfall nun im Rollstuhl sitzt.

»Du wachst auf und bist weg.«

»Wie auch immer, so oder so ähnlich muss es sein.«

»Herrlich!«

»Aber man lässt uns nicht.«

»Ich würde mich angesichts einer ungewissen Zukunft geborgener fühlen, wenn ich wüsste, dass ich mich jeden Augenblick verabschieden kann«, wirft Gesine ein. »Ich will gerne noch bleiben. Ist wunderschön hier. Aber darum geht es nicht. Es geht um Kontrolle. Ich habe immer versucht, mein Leben selbst in der Hand zu behalten. Und nun soll ich plötzlich nach Vorschriften und Gesetzen leben, die ich weder verstehe noch akzeptiere!«

Freiheit bedarf der Fähigkeiten, sie in die Tat umzusetzen. Wem die Sinne versagen, wer von Krankheiten ge-
schwächt ist oder sich kaum mehr fortbewegen kann, dem
ist die Verfügung über den eigenen Tod oft die letzte Form
der Freiheit, die ihm geblieben ist.

Gesines Tante, die mit einem Holländer verheiratet gewesen war, hatte im Kreis der erweiterten Familie ihren
Mann in den Tod begleitet.

»Pit wollte, dass ich auch dabei bin«, erzählte Gesine später. »Wir waren uns zwar eher selten begegnet, aber wir
mochten uns. Er hatte einen Hirntumor, den er eine Zeit
lang tapfer bekämpfte, bis er eines Tages jede Behandlung
abbrach und verkündete: ›Jetzt leben wir, was übrig bleibt.‹
Was folgte, waren seltsame, bittersüße Tage und Stunden.
Wir haben viel geweint, uns in den Armen gelegen und
erzählt und geredet. Alle Schwierigkeiten waren in tiefer
Vertrautheit aufgegangen. Und ihr wisst, ich neige nicht zu
Sozialkitsch.«

Genau das tut sie, aber egal.

»Von einem Tag auf den anderen brach plötzlich alles
zusammen. Pits Sinne versagten, und sein vegetatives Ner-
vensystem stellte die Arbeit ein. Er konnte kaum noch
sprechen. Die Wochen zusätzlicher Lebenszeit waren ab-
gelaufen.«

»Manchmal war ich echt wütend, dass es diese Katastrophe gebraucht hatte, um uns einander so nahezubringen«,
erzählte Gesine weiter.

»Wenige Zeit später rief mich seine Frau an, sagte kurz:
›Es ist vollbracht, ich soll euch schön grüßen‹, und hängte
wieder auf.«

Gesine kamen die Tränen.

»Die Wochen des Sterbens waren so traurig und so ergreifend«, fuhr sie schließlich fort, »wie ich es weder vorher noch nachher je wieder erlebt habe. So wird Sterben zu einer unendlich tiefen Erfahrung für alle. Aber keinesfalls mit einer ALDI-Tüte über dem Kopf! Das darf nicht sein!«

»Am schlimmsten sind die Wohlmeinenden, die versuchen, den zum Freitod Entschlossenen abzuhalten«, mischt KBW sich ein. »Niemand wird begreifen, was in dem vorgeht. Wie sollte man unter diesen Umständen guten Rat haben? Der Todesmutige kriegt höchstens ein schlechtes Gewissen, und man versaut ihm den Abgang als heroische Tat. Wer gehen will, soll gehen dürfen.«

WER BIN ICH EIGENTLICH?

Jeder ist sich selbst der Fernste
GRAFFITO AN EINEM MIEDERGESCHÄFT

Neulich und ohne ersichtlichen Anlass hat Gesine zur vor-
gerückten Stunde eine Frage gestellt: »Wissen wir eigentlich, wer wir sind?«

Theo, der gerade einen Schluck nehmen wollte, war von
der Gewichtigkeit der Frage so überrascht gewesen, dass
das Glas, nach dem er gegriffen hatte, einen Augenblick
lang still über dem Tisch schwebte.

»Wie, wer wir sind?«

Es dauerte eine Weile, bis jeder den Sinn der Frage begriffen hatte.

»Wir sind immer fix dabei«, nahm Gesine den Faden
wieder auf, »andere bis in die letzten Einzelheiten zu ana-
lysieren. Aber was ist mit uns selbst? KBW, könntest du
dich beschreiben, sodass ein anderer begreift, wer du bist?«

»Kein Problem: Größe, Beruf, Gewicht, Likes und Dis-
likes, was willst du wissen?«

»Nein, im Ernst. Weißt du, wer du bist? Weiß man überhaupt, wer man ist?«

»Klar, ich kenn die Filme, die ich mag, und die Musik,

die ich höre«, war sich Theo sicher. »Ich weiß, welche Restaurants ich bevorzuge, welche Bücher ich meide und welche Hosen mir stehen. Schwarze Chinos nämlich. Und ja: Ich bin ehrgeizig, sportlich und kann gut Witze erzählen. Das sollte reichen, um zu begreifen, mit wem man es mit mir zu tun bekommt«, versicherte er selbstbewusst.

Ist es das? Diese Ansammlung von Nichtigkeiten, wie auf dem Flohmarkt vom Wochenende? Oder fehlt etwas?

Offensichtlich ja, ohne dass man unmittelbar wüsste, was. Wir stehen vor einer Schwierigkeit ähnlich der beim Grübeln über den Tod. Wenn wir beginnen, intensiver über uns selbst nachzudenken, verflüchtigt sich, was vorher eindeutig schien. Es geht uns dabei wie in einem Traum, bei dem das Objekt unserer nächtlichen Fantasie sich langsam entfernt, seine Konturen verliert, bis es schließlich ganz erlischt.

Gelegentlich, am besten zur späteren GvD-Stunde, und vorausgesetzt, es herrscht eine seltene Vertrautheit, schauen wir uns gegenseitig in uns um. Dann können Großzügigkeit, Langmut oder Warmherzigkeit ebenso wie deren Kehrseiten – Geiz, Unduldsamkeit, Bindungsängste und Gefühlskälte – zum Thema werden. Am Ende ist man froh, mit heiler Haut davongekommen zu sein.

Aber ist es mit diesen wertvollen oder abstoßenden Eigenschaften getan? Gespräche über das eigene Selbst können lähmend sein und Müdigkeit und Leere hinterlassen. Was bezeugt, dass es sich um einen besonderen Stoff handeln muss.

Zuweilen habe ich versucht, das Selbst in mir aufzustöbern und festzumachen, nicht als zufällige Ansammlung von Tand und Talmi, sondern als verbindliche Substanz.

Es will mir nicht gelingen. Immer wieder komme ich auf den oberflächlichen Warenkatalog zurück, den ich mit allen anderen teile.

Bin ich eine klägliche Ausnahme, oder würde es anderen ebenso ergehen, wenn sie ehrlich mit sich wären?

Über andere glauben wir bestens Bescheid zu wissen, sind indes häufig ahnungslos, mit wem wir es mit uns selbst zu tun haben. Wir sind nur mit einem verschwindend kleinen Teil unserer eigenen Innenwelt vertraut. Dort bewegen wir uns mit schwachem Licht in einem grenzenlosen, dunklen Raum und vermögen nur einige wenige Gegenstände undeutlich zu erkennen.

Es scheint, Selbst und Tod haben gemeinsam, dass wir sie zwar benennen, aber nicht begreifen können.

Gibt es das Selbst als einmaligen Markenkern überhaupt? Oder nur als Ansammlung einzelner Eigenschaften, deren Anzahl ins Unermessliche geht? Sind wir in der Lage, die wichtigen oder weniger wichtigen voneinander zu unterscheiden, und wenn ja, nach welchen Kriterien? Besteht ein gelungenes Leben in der bewussten Konzentration auf Eigenschaften, die für eine Gesellschaft bedeutsam sind, wie Fleiß, Verbindlichkeit und Augenmaß?

Auf drei können wir uns vermutlich ohne Weiteres einigen: Demnach ist jeder, von W.C. Fields einmal abgesehen, kinderlieb, großzügig und emphatisch – die heilige Dreifaltigkeit der allseits entwickelten Persönlichkeit.

Es ist ein seltsam Ding mit dem Selbst.

Als ein Kind der Aufklärung wurde es eingangs des neunzehnten Jahrhunderts als »Ich« im deutschen Idealismus populär. Danach zog es sich wieder zurück, bis wir es während unserer späten Jugend in den Sechzigerjahren des folgenden Jahrhunderts wieder auf die Tagesordnung setzten. Zwischenzeitlich nahm sich die Wissenschaft seiner an, nannte es »Identität« und versuchte, der rätselhaften Erscheinung, die so flüchtig wie eine Strandbrise und so unfassbar wie ein Mückenschwarm im Sommerwind ist, auf die Spur zu kommen. Dabei ist es, trotz ungezählter Publikationen zum Thema, im Großen und Ganzen geblieben. Wir wissen vom Selbst heute kaum mehr als die Philosophen vor zweihundert Jahren. Die Frage, was es mit jedem von uns »auf sich hat«, bleibt nach wie vor unbeantwortet.

Wenn man die Zahl der Ratgeber zum »Selbst« als Maßstab seiner aktuellen Bedeutsamkeit nimmt, dann ist es nebst seinem Begleitpersonal – »Selbstbewusstsein« und »Selbstbestimmung« – eines der vorherrschenden Themen unserer Zeit. Während das »Ich« jedoch noch fest in den üppigen philosophischen Traditionen des deutschen Idealismus eingelagert war, ist das moderne Selbst ein ausgedünnter Nachfahre, der sich pragmatisch am Selbstwertgefühl orientiert.

So als ob es gilt, einen kostbaren, bislang unentdeckten Schatz zu heben, haben wir uns auf die Suche nach dem Selbst gemacht.

»Sei dein eigenes Selbst, alle anderen sind bereits vergeben«, weist uns Oscar Wilde den Weg.

Obgleich die Schätze näher nicht sein könnten, nämlich in uns selbst, sind sie offenbar nur unter großen Mühen zu bergen. Davon zeugen ungezählte Broschüren, die uns beim Heben der Kostbarkeiten behilflich sein wollen und uns anschließend ein erfülltes Leben versprechen.

Was genau aber halten wir in den Händen, wenn wir schließlich fündig geworden sind? Nichts, was wiegt, sondern eine Vorstellung davon, was unsere »eigentliche Bestimmung« sei. Also Begabungen, Interessen, Fähigkeiten, unbewusste Sehnsüchte oder Bedürfnisse, die uns bislang nur undeutlich bewusst gewesen waren. Wobei es grundsätzlich positive Eigenschaften sind, die der Entdeckung harren. Niemand befürchtet, einen Kinderschänder, eine rechte Glatze oder einen kaltblütigen Banker zutage zu fördern, sondern stets einen braven, sympathischen Mitbürger, der mit Talenten gesegnet ist, von denen er bislang keine Ahnung hatte.

»Schlaraffenland, nimm's in die Hand, unter dem Pflaster, da liegt der Strand«, hieß es einst. Und weiter, an anderer Stelle: »Jeder trägt die Südsee im Herzen, nur hinfinden musst du selbst!«

Die Wahrheit indes ist, dass die meisten leer ausgehen und außer einer Handvoll unerfüllter Sehnsüchte nichts weiter in sich finden werden. Es bleibt beim vergeblichen Versuch, im Inneren eine Utopie einzurichten, die in der Realität keine Chance hatte. Im ungünstigen Fall können zudem Einzelheiten ans Licht kommen, die besser unentdeckt geblieben wären.

Ist das neuzeitliche Selbst nur ein schaler Seelenersatz, dem die Unterstützung durch einen verbindlichen Glauben fehlt? Oder verwehrt uns eine fürsorgliche Natur den Blick übers Geländer, denn es könnte einer in den Abgrund sein?

Das Selbst ist zum Goldenen Kalb unserer Gegenwart geworden, und weit und breit ist keiner in Sicht, der uns das Tanzen verbieten würde. Denjenigen, der einst dafür vorgesehen war, haben wir aufs Altenteil geschickt. Wo das Selbst herrscht, kann das »Wir« nicht gedeihen, und ohne dieses wiederum ist das Ich nicht zu haben. Wir werden im Wir zum Ich. Allein geht's nicht! Die Herrschaft des Selbst vernichtet die Voraussetzungen seiner eigenen Entwicklung. Wir haben uns in einen Strudel der Selbstentfremdung manövriert. Zurück bleibt eine Persönlichkeit, die sich nur in Abhängigkeit von äußeren Anstößen in der neuen Realität zurechtzufinden weiß. Meine Generation durfte noch in identitätssichernden Umständen aufwachsen. Unsere Enkel hingegen müssen sich auf die Suche nach dem verloschenen Wir machen, was die jüngste Attraktivität fernöstlicher Glaubensformen und Meditationstechniken erklärt.

Was aber fangen wir im Alter mit dem Selbst an, von dem wir nach wie vor nicht recht wissen, wie es beschaffen ist? Lange Dauer ist ihm nicht mehr beschieden. Es wird mit unserem letzten Atemzug, bis auf Erinnerungsspuren in fremden Gedächtnissen, für immer verschwunden sein.

Gibt es noch etwas zu entdecken?

Man ist gut beraten, sich mit dem, was das Leben bislang zugestanden hat, zufriedenzugeben. Strapaziöse Ausflüge ins Selbst weichen der behaglichen Gewissheit, dass dort nichts mehr zu holen sein wird. Was wir bis jetzt nicht aufgespürt haben, kann auch bei später Entdeckung keinen guten Dienst mehr leisten.

Man ist, der man ist. Mehr wird nicht sein!

Wenn es dennoch einen Grund gibt, im Alter doch noch

im Selbst zu kramen, dann den, sich von Teilen der Vergangenheit zu lösen und Eigensucht und Selbstgerechtigkeit, mit denen wir unsere Mitmenschen einst strapaziert hatten, zu entsorgen und späte Abbitte zu leisten. Anlässe gibt es zuhauf. Niemand sollte gehen, ohne die Zurückgebliebenen um Vergebung gebeten zu haben.

Es stirbt sich leichter.

Zum Selbst gehört untrennbar die Selbstbestimmung, jene Ikone aus der zweiten Hälfte des letzten Jahrhunderts, die unsere Generation einst zum Widerstand gegen die »herrschenden Verhältnisse« auf die Straße getrieben hatte, denn das beste Selbst taugt nichts, wenn es fremdbestimmt bleibt. Seither ist kein Mangel an Selbstbestimmung, und sie wird, aufs Ganze gesehen, ständig mehr. Im Alter jedoch geht es ihr wie der Freiheit: Sie nimmt ab. Man wird sich klug einschränken müssen und nur noch sparsam Gebrauch von ihr machen dürfen. Was vordergründig als Verlust erscheint, wird indes durch ein Gefühl von Sicherheit und Übersichtlichkeit großzügig aufgewogen.

Im Selbst ist das »höchste Ziel des Menschen«, wie es in einer deutschen Wochenzeitung hieß, das »Glück« nämlich, verortet. Die Fähigkeit, Glück zu empfinden, mit der wir, aus welchen Gründen auch immer, ausgestattet sind, ist eines der wertvollsten Talente, über die wir verfügen. Der Glückshaushalt jedes Menschen ist unerschöpflich und kommt nie zur Ruhe. Die Frage: »Was macht dich glücklich?«, würde bei jedem von uns nach einigem Nachdenken eine unendliche Liste von Anlässen zutage fördern. Den einen begeistert der tägliche Sonnenaufgang, den anderen das Rotkehlchen auf dem Balkon, einen Dritten die neue Ausstellung in der Nationalgalerie, wahlweise ein Wiedersehen nach langer Zeit oder eine Portion Spaghetti mit Tomatensoße. Jeder wird auf seine Weise glücklich und hat seine eigenen intimen Glücksmomente, die sich ständig anpassen und verändern.

Freilich, das Glück hat einen hohen Preis: die Flüchtigkeit. Es ist nie auf Dauer zu haben, sondern nur in kurzen Augenblicken, die sich oft ohne erkennbaren Anlass einstellen und schnell wieder vergangen sind. Glück bleibt der Ausnahmezustand.

Natürlich haben die Menschen von Beginn an einiges unternommen, um den flüchtigen Gast zum Bleiben zu bewegen. Die Madrigale der christlichen Kirchen, die Meditationstechniken fernöstlicher Religionen, Rauschgiftkonsum oder das mitteleuropäische Gläschen am Abend sind Versuche, die Zeit des Glücks zumindest zu verlängern. Alle Bemühungen sind vergeblich geblieben. Das Glück bleibt ein flüchtiger Geselle. Irgendwann begnügte man sich schließlich mit glücksähnlichen Empfindungen wie »Zufriedenheit«, »Stille« oder »Gleichmut«. Denn, so betont Seneca, »bei allem bin ich, wie unter Stoikern üblich, für Übereinstimmung mit der Natur«. Und die hat dem Glücksgefühl nur kurze Dauer beschieden.

Erst die Moderne ist auf die wunderliche Idee gekommen, dem Glück einen festen und dauerhaften Platz in unserem Gefühlshaushalt zuzuweisen. Bis dahin galt es als erlesenes, leider seltenes Beiwerk. Jetzt wurde es als Lebenszweck entdeckt. Früh meldete sich zwar Schopenhauer kritisch zu Wort und merkte verdrießlich an, der Mensch sei nicht zum Glücklichsein geboren. Später kam Freud gewichtig zum selben Ergebnis. Vergeblich: Das Glück als Dauerzustand und Recht jedes Einzelnen hatte einen ebenso verführerischen Glanz wie einst der vom ewigen Leben. Wenn es dieses nicht sogar ersetzt hat. Dann wäre die Suche nach dem Glück in unserer Zeit der Ersatz für das verlorene Paradies und genauso schwierig zu erreichen.

Vertreter des Dauerglücks verweisen gerne auf die amerikanische Unabhängigkeitserklärung von 1776. Dort heißt es aus der Feder von Thomas Jefferson, zu den unveräußerlichen Rechten eines jeden von uns gehöre »the persuit of happiness«, in der deutschen Übersetzung »das Streben nach Glück«. Die Amerikaner jener Generation hatten indes eine eher pessimistische Vorstellung vom Menschen und bestimmt nicht die deutsche Bedeutung von »Glück« vor Augen, als sie die Verfassung schrieben. Sie meinten das Recht auf ein Leben nach »eigenen Vorstellungen«. Wie die beschaffen waren, blieb jedem Einzelnen überlassen, vorausgesetzt, man kam den Rechten anderer nicht in die Quere.

Das liegt über zwei Jahrhunderte zurück. Seither sind wir ein Volk von Glücksjägern geworden. Das Glück in Permanenz gehört heute zum gelungenen Leben wie das Recht auf Urlaub und die Lust auf Unzufriedenheit. Wir wollen es als verlässlichen Begleiter, der uns bei Bedarf zu Diensten ist. Der Einbruch des Glücksanspruchs in unseren Alltag ist indes eine der großen zivilisatorischen Katastrophen unserer Zeit und bewirkt genau das Gegenteil. Keine Errungenschaft hat so viel Unheil angerichtet wie die moderne Vorstellung vom »Glück« als einem Dauerzustand. Wer sein Leben auf das Glück gestellt hat und auf dessen

Stetigkeit hofft, hat bereits verloren und wird notwendig scheitern. Denn er versucht, gegen die Natur zu leben, was noch niemandem bekommen ist. Glück lässt sich nicht auf Dauer stellen, Unglück schon! Die einzige Art, mit dem Glück umzugehen, ist deshalb die, bescheiden und dankbar seine seltenen Momente entgegenzunehmen. Wer mehr erhofft und dies erzwingen will, ist auf dem Königsweg ins Unglück in Form von Unbehagen, Missmut und Bitterkeit, oder, klinisch gesehen, von Depressionen. Aktuellen Untersuchungen zufolge nimmt die Krankheit besorgniserregend zu. Die Weltgesundheitsorganisation befürchtet, »die Depression droht zu einer Pest des 21. Jahrhunderts zu werden«. Eine der Ursachen für diese Entwicklung sind sicherlich die »sauren Trauben des Glücks«.

Nicht überraschend erscheinen jedes Jahr ungezählte Ratgeber mit Rezepten für ein glückliches Leben. Zu offensichtlich ist die Not der Glücksenttäuschten, als dass Autoren und Verlage darin nicht ihren Vorteil suchen würden. Diese Bücher taugen alle nichts, im Gegenteil: »Glücksratgeber machen meistens unglücklich«, so der Theologe Manfred Lütz, der sie durchgearbeitet hat.

Selbstredend ist den Ökonomen der neue Mitspieler im menschlichen Verhaltensrepertoire nicht verborgen geblieben, verbunden mit der Frage, wie man seine Vorzüge für den Wirtschaftsprozess fruchtbar machen könne. Wenn es gelänge, die Energien hinter dem Glücksanspruch mit Produkten zu verknüpfen, müsste das deren Absatz befördern, so die naheliegende Überlegung. Für die Ausarbeitung dieser Idee gab es 2002 den Wirtschaftsnobelpreis für

Daniel Kahneman, der freilich nicht den Begriff »Glück« verwendete, sondern unschuldig von »bekundeten Präferenzen« spricht.

Tatsächlich besteht gegenwärtig ein enger Zusammenhang zwischen der Ökonomie und dem Anspruch auf individuelles Dauerglück. »Glück für alle«, fordert ein Ratgeber unumwunden. Und die Wirtschaft ergänzt pausenlos: »Dieses Accessoire und jene Fernreise machen dich glücklich.« Das Glück, für unsere Vorfahren dünn gesät und gut verborgen, wartet heute als Nötigung und hinter jeder Ecke auf uns. Aus der einst »beglückenden« Zugabe ist eine Verpflichtung, an der wir notwendig scheitern müssen, geworden.

Im Alter ist, recht besehen, gut glücklich sein, denn wir verabschieden uns allmählich von den modernen Vorgaben des Glücksanspruchs. Zu offensichtlich ist die Differenz zwischen ihnen und der Wirklichkeit. Das erleichtert ungemein. Wer auf das Glück in Permanenz verzichtet und stattdessen seine seltene Anwesenheit dankbar zur Kenntnis nimmt, hat sich einer schweren Bürde entledigt. Es lebt sich fortan leichter.

Man bleibt gleichwohl und bis zum letzten Augenblick glücksempfänglich, nur die Anlässe ändern sich und bleiben, wie von der Natur vorgesehen, weiterhin seltene Ausnahme. Julien Green behauptete, glücklich zu sein, weil er noch lebte. Glücksökonomisch gesehen ein kluger Schachzug, denn er würde bis zu seinem letzten Atemzug zahlreiche Glückschancen haben. Theodor Fontane erkannte unsentimental und bescheiden: »Gott, was ist Glück! Eine Grießsuppe, eine Schlafstelle und keine körperlichen Schmerzen – das ist schon viel.«

Unser Glück besteht zunehmend in der Abwesenheit von Leid und Verlusten sowie aus neuen Zutaten wie Behaglichkeit, Ruhe und Gelassenheit. Alte Menschen können glücklich lächeln wie sonst wenige. Wer einer Rentnerrunde beim bedächtigen Verzehr von Schwarzwälder Kirsch zuschaut, hat glückliche Menschen vor sich, die umsichtig ihre Glückszeit ausdehnen.

Meine Mutter, die an einen tüchtigen Alterssuff geraten war, den wir ihr nicht mehr nehmen, aber in geordnete Bahnen lenken wollten, strahlte in reinstem Glück, wenn zum Abendbrot die Flasche Rotwein auf den Tisch kam. Da sie wusste, dass es nur zwei Gläser geben würde, nippte sie vorsichtig in winzigen Schlucken, wie ein Spatz an der Tränke, um zusätzliche Glückszeit zu gewinnen.

Jedes Mal unterbrach sie die heilige Handlung mit der gewichtigen Bemerkung: »Ich glaube, danach werde ich anständig schlafen können.«

Die ganze Zeit über lag ein gleichermaßen seliger wie friedlicher Ausdruck auf ihrem Gesicht. »So geht Glück«, dachte ich damals an ihrer Seite.

Irgendwann, das Gespräch war auf eine Nachbarin gekommen, die das Zeitliche gesegnet hatte, fragte ich, ob sie mit meinem Vater, der ebenfalls abends zur Flasche gegriffen hatte, im Paradies Rotwein trinken würde.

»Ja, das werden wir gewiss tun«, stimmte sie eifrig zu.

Sie nippte wieder und schaute mich plötzlich bekümmert an: »Du, ich fürchte, das wird nix mit Papi. Das ist ’ne ernsthafte Sache da oben.« Sie blickte missmutig zur Decke und hatte auf ihre Weise begriffen, dass permanentes Glück von der Schöpfung nicht vorgesehen ist.

Auch wir Alten können das Glück nicht auf Dauer stellen, jedoch, indem wir gemächlich leben, länger an ihm teilhaben. Wir löffeln langsamer unsere Suppe, verzehren sorgfältiger den Kuchen, halten es länger in Gesellschaft aus und freuen uns ausführlich über entbehrliche Geburtstagsgeschenke. Das erklärt vermutlich das erstaunlich hohe Maß an »Zufriedenheit« unter uns, von dem zahlreiche Untersuchungen, trotz der Altersschäden, zu berichten wissen.

Nach Rousseau besteht Glück aus einem »soliden Bankkonto, einer guten Köchin und tadelloser Verdauung«. Letzterem hätte meine Mutter, ohne zu zögern, zugestimmt, denn sie war zeit ihres langen Lebens unbeirrbar der Überzeugung: »Ohne Verdauung ist alles nichts!«

Neuere Studien ergeben indes ein anderes Bild. Ihnen zufolge spielen Reichtum, Karriere und Ansehen, von denen sich viele Menschen Glücksmomente erhoffen, eine untergeordnete Rolle. Wer sie anstrebt, um glücklich zu sein, wird enttäuscht werden.

Im Alter hat sich die Suche nach ihnen ohnedies erledigt. Wer jetzt nicht reich ist, wird es nicht mehr werden. Ansehen vergeht, und die Karrieren sind beendet. Das entlastet, schafft Raum und setzt Energien frei für die eigentlichen Glücksbringer: Familie, Freunde, Nachbarschaft sowie die daraus folgenden Befindlichkeiten wie Behagen, Gemütsruhe und Zufriedenheit. Obgleich wir im Alter die Jagd nach dem Glück abgeblasen haben, sind wir oft glücklicher als jene, die noch nicht von ihm lassen können, und häufig erfolgreicher, als wir es im Leben je gewesen waren.

SCHLUSSENDLICH

Das war eine ziemlich raue Fahrt querfeldein durchs Thema gewesen. Ich fürchte jedoch, am Ende wird wenig Greifbares für den täglichen Gebrauch dabei herausgekommen sein.

Habe ich Ordnung, Trost und Zuversicht in die letzten Jahre bringen können? Ich denke nicht. Vermutlich war diese Hoffnung von Beginn an zum Scheitern verurteilt.

Wer beginnt, über das Altern nachzudenken, wird sich bald einer undurchdringbaren Vielfalt gegenübersehen und kein Ende finden können. Woher auch? Jedes einzelne Leben ist mit seinen unzähligen Gedanken, Erinnerungen und Wünschen ebenso komplex und vielschichtig wie das Universum. Und ebenso unbegreifbar.

Man kann Durchschnittswerte berechnen und Häufungen markieren. Die mögen für Wirtschaft und Politik taugen, werden jedoch keinem von uns je gerecht. Bereits das eigene Leben ist zu kurz, um es zu begreifen, ganz zu schweigen von dem der anderen.

Von Beginn an stand die Arbeit an diesem Buch zudem unter dem Vorbehalt: Warum soll man sich mit einem Ereignis auseinandersetzen, das einmalig bleibt, dessen Ausgang sich nicht beeinflussen lässt und das für den Betroffenen keinerlei Folgen mehr hat, wenn es vorüber ist?

Ich habe den rätselhaften, unermesslichen Lebensabschnitt zögerlich, mit ängstlichen Schritten betreten und hastig zusammengerafft, was an Eindrücken in unmittelbarer Nähe erreichbar war. Vieles ist notwendigerweise zu kurz gekommen oder überhaupt nicht bedacht worden. Es fehlt das Nachdenken über Trauer, Scham und Verzweiflung, um nur einige Themen zu nennen. Welche Rolle spielen Langeweile, Lebenslüge und Wut in den späten Jahren? Schließlich hätte ich gern Genaueres über unsere Rolle als Gast auf diesem Planeten vor dem Hintergrund seiner Pflichten und Rechte erfahren.

Ebenso sind die besonderen Umstände, unter denen meine Generation im Unterschied zu den Vor- und Nachfahren die letzte Strecke in Angriff nehmen muss, nur mit wenigen, ungenügenden Strichen angedeutet.

Es gäbe also noch einiges zu tun!

Auf jeden Fall werden mich die Verluste an Geborgenheit und Gewissheit, die im Gefolge der Moderne entstanden sind, weiter beschäftigen und die Frage, ob wir auf Dauer »nackt« in den »Frösten der Aufklärung« überleben können.

Und, ach ja, Sie werden es längst bemerkt haben, die GvD ist ein Mosaik unterschiedlichster Erfahrungen, Eindrücke und Begegnungen.

Ich bin aufgefordert worden, Rat zu geben. Das verlangen die Leser von solch einem Buch, heißt es. Wozu sollten sie es sonst lesen? Mein Einwand, jeder sei sich selbst der beste Ratgeber, konnte indes niemanden überzeugen.

Also, liebe Freunde aus der GvD, verzeiht mir, ich beuge mich:

Nehmt an euch, was von Liebe, Glaube, Hoffnung übriggeblieben ist.

Fragt bis zum letzten Atemzug.

Entspannt euch, es gibt nicht mehr viel zu tun.

Verluste im Alter sind verblüffend häufig Gewinn!

Ehrt die Vergangenheit, verzichtet auf die Zukunft, und lebt im Augenblick.

Bleibt daheim und meidet die Fremde.

Und bummelt gemeinsam Hand in Hand und Arm in Arm durch den Rest der Tage.

Wie aber möchte ich selbst durch die letzten Jahre kommen? Gemächlich schlendernd, gewitzt, illusionslos und leicht sentimental. Die Ernsthaftigkeit, die das Leben bisweilen von mir gefordert hatte, würde ich gerne zur Seite legen wollen. Der Hinweis auf die Ähnlichkeit zwischen Kindheit und Alter hat seinen tieferen Sinn!

Bin gespannt, ob's hinhaut.

»Wie wollen wir im Alter leben? Am besten so,
wie wir Kuntzes Buch lesen:
mit einem Lächeln auf den Lippen.« *DIE ZEIT*

Mit dem Eintritt in den Ruhestand begann für den renommierten
Journalisten Sven Kuntze ein neuer Lebensabschnitt.
Geistreich und mit feiner Ironie erzählt er von seinen Plänen für
die Zeit nach der Karriere – und wie er sie allesamt über den
Haufen warf. Mit Humor schildert er die neue Lebensphase, die
für ihn vor allem eins bedeutet: einen spannenden wie erfüllenden
Neuanfang. Ein Erfahrungsbericht von einem, der auszog,
um in Würde zu altern – mit Stil und Achtsamkeit, mit
Gelassenheit und Tatendrang, eben wie ein Gentleman.

 **PENGUIN** VERLAG